# WILEY

## Consulting to Family Businesses

# 家族企业咨询

### 把脉家族传承痛点　解读基业长青密码

简·希尔伯特–戴维斯（Jane Hilburt–Davis）
小威廉·吉布·戴尔（W.Gibb Dyer, Jr.）　◎著

肖　柳◎译

西南财经大学出版社

Copyright ⓒ 2003 by Jane Hilburt‑Davis and W. Gibb Dyer, Jr.
ISBN:0‑7879‑6249‑X　图进字21‑2016‑224号

All Rights Reserved. This translation published under license. Authorized translation from the English language edition, published by John Wiley & Sons. No part of this book may be reproduced in any form without the written permission of the original copyrights holder.
Copies of this book sold without a Wiley sticker on the cover are unauthorized and illegal.

**图书在版编目(CIP)数据**

家族企业咨询/(美)简·希尔伯特‑戴维斯,(美)小威廉·吉布·戴尔著;肖柳译.—成都:西南财经大学出版社,2016.10
ISBN 978‑7‑5504‑2504‑0

Ⅰ.①家… Ⅱ.①简…②小…③肖… Ⅲ.①家族—私营企业—企业管理—咨询系统 Ⅳ.①F276.5

中国版本图书馆 CIP 数据核字(2016)第 150471 号

**家族企业咨询　Consulting to Family Businesses　(JIAZU QIYE ZIXUN)**

(美)简·希尔伯特‑戴维斯　(美)小威廉·吉布·戴尔著　肖柳　译

策划编辑:何春梅
责任编辑:高玲
封面设计:墨创文化
责任印制:封俊川

| 出版发行 | 西南财经大学出版社(四川省成都市光华村街55号) |
|---|---|
| 网　　址 | http://www.bookcj.com |
| 电子邮件 | bookcj@foxmail.com |
| 邮政编码 | 610074 |
| 电　　话 | 028‑87353785　87352368 |
| 照　　排 | 四川胜翔数码印务设计有限公司 |
| 印　　刷 | 四川五洲彩印有限责任公司 |
| 成品尺寸 | 165mm×230mm |
| 印　　张 | 17.5 |
| 字　　数 | 215千字 |
| 版　　次 | 2016年10月第1版 |
| 印　　次 | 2016年10月第1次印刷 |
| 印　　数 | 1—2000册 |
| 书　　号 | ISBN 978‑7‑5504‑2504‑0 |
| 定　　价 | 68.00元 |

1. 版权所有,翻印必究。
2. 如有印刷、装订等差错,可向本社营销部调换。

# 中文译版序言

**家族企业——敢问路在何方?**

当我接到本书译者肖柳先生邀请为本书写一篇中国版的序言时,我毫不犹豫就答应下来。

家族企业在中国正成为一个研究和咨询的热点领域,这本书在这个领域有非常高的借鉴价值。我们不必争议家族企业的是与非,其能存在已经展示了其合理的一面。况且,儿女总是父辈们内心最柔软的部分,尤其是中国人,一辈子总不懈地为子女们活着。这一朴素的情感胜过对自己忠心耿耿、跟随自己打拼多年的老部下们,所以,"子承父业"一直被不遗余力地坚持着。而且西方国家发展得好的家族企业比比皆是,如杜邦、希尔顿、丰田汽车、戴尔等,这也为家族企业在中国理所当然地存在提供了最具说服力的证据。

但国内家族企业的存在也只有短短 30 多年时间。由于历史原因,1949 年前家族企业基本绝迹,之后才逐渐形成独特的企业组织形态之一。根据美国家族企业学会的数据,国外的家族企业只有 30% 能顺利传到第二代，而传到第三代手中的概率只剩下不到12%。这一数据在中国的背景下可能会低于10%。我们应清醒地看到，拥有几百年发展经验的西方家族企业尚且如此，我们仅30多年历史的中国企业权杖到底能传多远？

历经近40年改革开放之路，中国经济走过了放开民营、鼓励民营经济发展、国进民退、再度肯定民营经济地位和鼓励民营经济进入更多原来为国有企业垄断的领域、民营企业参与国有企业混改这样起起伏伏的道路，波折并没有阻碍民营企业做大做强。而中国民营企业的发展，大部分都是充满了家族企业的股权关系、治理结构、管理和业务关系，尤其是在企业开始起步的阶段。不少企业做大到中国500强和世界500强，比如华为、正威集团、美的集团、碧桂园集团等。虽然已经有职业经理人团队在履行经营管理职责，但是企业创始人和家族成员对于企业的实际控制和战略发展的影响方面都仍然无法完全褪去家族企业的色彩。更别提众多的中小企业了，"夫妻店""兄弟姐妹帮""父子公司"屡屡皆是。值得注意的是，本书作者在美国经济社会环境下给出的家族企业的定义，和我对中国家族企业的观察一致：家族企业和企业是否上市无关。也就是说，非上市公司被定义为非公众公司，但是上市公司仍然可能因为"其控制权和战略发展被某个家族的若干成员所影响"而实质上具有家族企业特征。

目前，很多以家族为特征的民营企业，正面临新老交棒的关键时刻，也不断涌现出越来越多的问题，正在积极寻求外部咨询的帮助。曾经有著名的民营控股集团公司找到我，请我帮助该企业老板制定在家族成员不参与管理的情况下的企业顶层管控之道。又比如，我的学姐、国内著名的管理学家陈春花教授，在新希望集团提供了多年的咨询服务后，接受刘永好董事长的邀请，出任新希望六和集团的联席董事长兼CEO。她既帮助新希望六和的转型升级，又辅导着新希望下一代企业接班人的成长，并在企业转型升级取得阶段性成果、刘永好先生的女儿刘畅更为成熟后选择卸任，又回到顾问身份和学者身份。这堪称家族企业咨询中的一个有特色的、成功的解决方案。我在18年的管理咨询和民营企业操盘生涯中，接触到不少家族企业，也认识到家族企业的咨询相对于其他性质的企业（比如国有企业、控制权分散的上市公司、非家庭成员股东投资的民营企业）咨询要更为复杂，需要更为特别的咨询方法和解决方案。我曾经有一个咨询客户，夫妻两个经过艰苦创业把企业做到相当规模，但是双方对于公司是否要在那个时点上市、上市以后的公司发展方向等发生了非常大的分歧。担任董事长的先生私底下对我感慨说："创业之初我们曾经约定过公司的事情不带回家，生怕工作上的争吵影响家庭生活。但是我们这样的企业，生意就是生活，根本不可能做到公司和家庭分开。最麻烦的是，企业做到现在，谁都不想退出。"之后，我和其他顾问共同努力，采用了多种影响方式，最后促使该公司引入战略投资者作为其他股东并调整了他们夫妻在董事会和公司业务架构中的角色，才算勉强在几个关键问题上使其达成一致。即便如此，现在这两位仍然都在该公司担任要职，没有一方愿意退出公司管理。正如弗洛伊德曾说，"一个人幸福所需要的全部就是在'爱和工作'中找到满足感。我们的家族企业客户都在爱和工作方面濒于险境，他们理应得到我们最好的咨询。"

因此，本书作者从美国家族企业咨询的角度来分享了丰富的研究成果和最佳实践案例，对于中国正需要引入咨询来解决若干关键问题的家族企业，对于需要理解家族企业咨询难点的咨询顾问，对于在家族企业任职又想影响家族企业变革的职业经理人，都具有非常好的参考意义。在这个领域，我个人认为，抛开大家经常会谈到的"国情""文化"差异，其实全球的家族企业都有非常多共性的、规律性的内在困难和挑战，面对家族企业的咨询也必须遵循"对人性和亲情的理解要先于解决方案"这些普遍原则。如果这本书，能够对于中国家族企业的发展和传承，起到即便是微小的贡献，我很愿意成为这个贡献中的一分子。

王　钺[①]

---

① 王钺，现任怡合集团 EHO Group 董事长兼首席顾问，曾任合益 Hay Group 大中华区副总裁、广东东菱凯琴集团常务副总裁。拥有 12 年管理咨询和 6 年企业高层管理经验，长期关注家族企业发展，致力于为中国企业转型升级培养领导人才。

# 致　谢

我们在此感谢自愿和热心参与到访谈中的每一个人。同时，我们也感谢家族企业学会的同事，他们既挑战我们的观点，也带给了我们启发和支持。我们还要感谢剑桥中心主办的研讨会的参会者，特别是该中心培训项目总监约瑟夫·英斯基普。他们对学习充满激情，既挑战我们也帮助我们深化这些观点。我们还要感谢罗兰·苏利文和系列丛书的其他两名编辑克里斯汀娜·奎德和威廉·罗思维尔，是他们使我们走到一起并鼓励我们开展这个项目。还有支持我们的乔西-巴斯（Jossey-Bass）出版社的工作人员凯瑟琳·多兰·戴维斯和约瑟·布拉特。此外，项目编辑苏珊·瑞琪米勒也为本书的最后成稿提供了重要的建议。

我们还要感谢这些年来客户为我们提供了独有的培训平台，让我们能够磨练技能。虽然我们有艰巨的责任帮助他们，但是在共同提升企业与家庭的过程中，我们也收获了急需的经验和领悟。最后，我们要感谢我们自己的家人，是他们让我们懂得家庭在生命中的重要意义。

# 前　言

我们写这本书的原因很简单，就是还没有人写过这样一本书。直到几年前，有关家族企业的书也为数不多。不过在过去几年中，有关该主题的书数量激增，但极少涉及家族企业顾问这个话题，而且通常仅仅关注咨询过程中的某一个方面，比如家族企业的战略、过程咨询或者关系问题。此外，这些书还缺乏一套有助于提升在这个独特体系中工作的咨询顾问的技能和能力的系统方法。因此，写这样一本书只是时间早晚的问题。在系列丛书编辑们的鼓励和支持下，我们就动笔了。

该书虽然建立在合理的理论基础之上，但本意却是侧重实务，提供了从事家族企业咨询时有效的变革管理路线图，通过咨询过程和有关家族企业体系和咨询干预的其他内容，帮助读者一步一步地了解家族企业咨询。为了有助于这些概念的应用，书中还提供了练习、工作表和其他资源以供读者进一步学习。书中使用的示例都来自于实务案例，并且汇集了家族企业中最常见的问题（重要提示：书中所有案例都采用化名）。我们的咨询框架都以传统的组织发展行动研究方法论为基础，同时引入了还在发展中的有关家族企业的知识体系的新观点和新理论。

组织发展领域很大程度上忽视了家族企业，本书的初衷就是填补这个空白。但我们很快清楚地意识到本书在深度和广度上要服务于更广泛的读者群体。所以，尽管本书以组织发展框架为基础，但对象范围广泛地包含了会计、财务、法律、组织和管理科学领域中正在进入或已经从事过多年家族企业咨询并希望更新思想的专业人士。本书强调不同体系之间的互动和家族企业咨询的多学科方法的重要性。

该领域的挑战和发展如影随形。随着家族企业变得愈加复杂，也越来越关注最佳实践，它们会更挑战咨询顾问的能力。反过来，咨询顾问也会挑战自己的假设并对此做出回应。在此过程中，家族企业研究领域也会继续发展。我们没有在书中给出定论，但是希望本书可以为每个咨询顾问提供一个基础。他们通过时间和经验的沉淀也可以形成这个基础。我们希望能够教育新一代人，同时挑战老一代人。

**作者背景**

简·希尔伯特-戴维斯拥有家庭系统治疗和组织发展双重背景，一直以来都以行动研究模式为框架开展家族企业咨询，十多年来一直训练和指导家族企业咨询顾问。她目前是关键资源（Key Resources）的创始人。Key Resources 是一家专注于家族企业和封闭控股公司的咨询集团（位于马萨诸塞州）。简与杰克·特劳特创办了剑桥创新企业中心（Cambridge Center for Creative Enterprise）。该中心是一家教授家族企业咨询最佳实践的非营利性机构。该机构因其对家族企业跨学科咨询的杰出贡献，荣获家族企业学会（FFI）2000年跨学科成就奖。近年来，简从多种渠道收集材料和案例用于教学，并开发了自己的教材。这本书很大程度上就是来自于开发教材的需求，这再次证明了需求是发明之母。

简最初接受的训练是成为一名生物学家，然后接受了系统治疗师和组织发展顾问的培训。此后，她被这种互动、演进的系统，特别是被在人类体系中有计划的和自发的改变深深吸引。在她的职业生涯中，再没有什么比家族企业系统更具有挑战的了。在这个领域里，她失去了很多，但是也收获了很多。弗洛伊德曾说，一个人幸福所需要的全部就是在"爱和工作"中找到满足感。我们的家族企业客户都在爱和工作方面濒于险境，他们理应得到我们最好的咨询。

吉布·戴尔教授是在麻省理工学院攻读博士学位期间，被他的教授和导师理查德·贝克哈德领入了家族企业领域的。迪克（译者注：贝克哈德）是组织发展领域的奠基人之一。当他以组织发展顾问的身份给家族企业做咨询的时候，所面对的挑战引发了他极大的兴趣。迪克招来吉布做他的研究助理并让他参与到家族企业的咨询工作中，研究他们共同遇到的问题。研究的结果是，吉布写了关于家族企业文化变革的论文，并在此研究中出版了一本获奖著作：《家族企业的文化变革：预测和管理企业和家族的过渡》（Jossey-Bass 出版社于 1986 年出版）。离开麻省理工学院后，吉布加入了杨百翰大学的万豪商学院，目前是奥·莱斯利·斯通创业学教授。他继续研究家族企业面临的问题，教授并指导在家族企业工作的学生。他还经常担任不同家族企业的顾问，这进一步加深了他对如何有效地为这类企业提供咨询的理解。在咨询实践中，他与家庭顾问与治疗师罗杰·皮耶，以及来自其他跨学科领域的专业人士合作，共同帮助客户解决问题。

经由践行组织发展系列丛书编辑之一的罗兰·苏利文介绍认识后，我们开始合作撰写本书。因为我们在进入这个领域时都是在尝试与失败中艰难地学习，所以我们认为有必要为家族企业顾问写一本能够提供指导的书。过去的几年，我们一边发展我们的观点，一边通过电子邮件、传真、电话促使对方对本书进行思考。这是一次对我们俩来说都激动人心的经历。在咨询实务的方向上我们意见相似，但是不同的背景促使我们挑战各自的观点，深入地思考什么对家族企业顾问真正有意义。

**本书的内容如何组织？**

我们把该书的内容分成了三部分。第一部分帮助读者理解家族企业独特的性质。第二部分阐述如何有效地开展家族企业咨询。第三部分着重于成功的家族企业顾问所需要的知识和技能。

第一部分：家族企业系统

第一章《为什么需要家族企业咨询？》向读者介绍家族企业和该领域的发展，包括家族企业的独特性和由此给顾问带来的问题。本章还比较了家族企业、家庭和企业三个系统，并阐述了在这三个系统组成的互动系统边界中开展工作的顾问的独特位置。

第二章《健康家族企业的特征》阐述了健康的与不健康的家族企业系统，并从文化、领导力、角色、实践和家族参与等不同维度进行了比较和对比。

第二部分：家族企业咨询

第三章《咨询合同与评估》阐述了行动研究模式的方法论，随后讨论了合同签订、咨询过程中的评估阶段，以及在各个阶段需要考虑和询问的恰当的问题。本章还会讲到家系图及其使用，讨论不同体系之间的互动关系和边界。

第四章《咨询反馈与计划》阐述了数据反馈的阶段，包括有关组织、反馈数据和形成解决办法的建议。本章还包含一个关于家庭静修会的建议性安排、简单和复杂冲突的比较和应对的策略。

第五章《对家族企业的干预》阐述了行动研究模式的执行阶段。本章包括了干预的案例、变革模型类型的讨论，以及干预程序。我们区别了情感干预和技术干预，以及各自干预的层面，同时强调不同层面之间的互动关系。本章还包括干预网格和应对抵制变革的建议。

第六章《帮助家族企业实现发展过渡》包含了涉及个人、家庭和组织生命周期的互动体系。该体系能否协同工作会决定它们之间的互动能否成功。与此相关的是对危险期和变革期的讨论，这两种时期既很正常又具有偶然性。本章还会谈到仪式的重要性，并给出帮助客户应对变化和压力的建议。本章也会提到继任计划。


第三部分：家族企业顾问

第七章《家族企业顾问的技能与道德》会讨论家族企业咨询需要的独特知识和技能。本章提供了家族企业学会每个认证项目的申请人需要完成的自我评估问卷。该问卷也可在家族企业顾问的成长道路上用作地图之用。此外，本章还包括取得支持、设定咨询费用结构的建议，以及有关顾问道德的讨论。

第八章《特殊情况与挑战》涉及家族企业客户的特殊问题，包括夫妻创业者、情感、瘾癖、性别、非家族经理人、家族办公室和基金、种族等。本章提供各个主题的概要及研究资源，在每一部分最后都有补充资料。

第九章《家族企业咨询的回报与挑战》中采访了该领域的二十位专家。他们回答了家族企业咨询独特性的原因、挑战、教训和有效干预等问题。

简·希尔伯特-戴维斯

马萨诸塞州莱克星顿市

小威廉·吉布·戴尔

犹他州普罗沃市

# Contents
# 目 录

## 第一部分 家族企业系统

**第一章** 为什么需要家族企业咨询? 2
- 什么是家族企业? 4
- 家族企业系统 5
- 家族企业咨询 8
- 家族企业咨询领域的发展 10

**第二章** 健康家族企业的特征 16
- 健康的家族企业 16
- 不健康的家族企业 19
- 家族企业的优势与劣势 20

## 第二部分 家族企业咨询

**第三章** 咨询合同与评估 28
- 咨询过程 29
- 初次接触 31

- 咨询匹配会 32
- 建议书/聘书/合同 38
- 评估与诊断 41
- 我们到达目的地了吗？ 61

**第四章　咨询反馈与计划 63**
- 反馈与行动计划 65
- 创造新的解决方案 77
- 提前规划：安排在反馈会议之后 80
- 反馈会议的其他技巧 81
- 处理冲突 84

**第五章　对家族企业的干预 95**
- 介入家族企业 98
- 行动研究模式的执行阶段 99
- 干预网格 108
- 抵制 109
- 干预的类型 111
- 家庭动力问题 125
- 干预的指导原则 130

**第六章　帮助家族企业实现发展过渡 133**
- 发展阶段与任务 135
- 转变的动力 142
- 评估客户突破各发展阶段的能力 145
- 给顾问的指导原则 145
- 对实践的启示 146

# 第三部分　家族企业顾问

**第七章　家族企业顾问的技能与道德　162**
- 自我评估　163
- 必备的知识和技能　166
- 多学科团队　173
- 咨询费　177
- 道德问题　180

**第八章　特殊情况与挑战　186**
- 夫妻创业者　186
- 情感　196
- 瘾癖　202
- 性别　206
- 非家族经理人　209
- 家族办公室和家族基金　212
- 种族　216

**第九章　家族企业咨询的回报与挑战　217**

后记　236

关于本系列丛书　238

本书简介　241

编委会声明　242

系列丛书后记　247

编辑简介　249

作者简介　252

封底评论　255

译者简介　257

# 第一部分

# 家族企业系统

# 第一章 为什么需要家族企业咨询？

家族企业是世界上最常见的一种组织形态，小到"夫妻店"，大到像李维斯·斯特劳斯公司，它们几乎存在于世界经济的每一个领域。尽管所有的家族企业各自某些方面具有独特性，但通常经历共同的问题和困境，从而需要顾问协助解决。家族企业领导所面临的问题通常并不存在于其他类型的组织中，因此，需要熟悉家族企业独特特征的顾问。以下三个家族企业领导所遭遇的问题有助于阐明这个观点。

## ➤ 案例1.1

一位母亲和她的三个女儿共同管理着四家不同的企业。其中有一家是几年前才开办的零售店，主要是给大女儿一份能获利的工作，因为她过去在保住工作方面有些困难。这位母亲的考虑是这家店很小，而且处在一个小众市场，也不需要自己太操心。但不幸的是，大女儿不善经营，导致这家店年复一年地亏损。而其他三家企业运营良好，所获得的利润却要用来补贴这家零售店的亏损。绝望之下，这位母亲找来一名咨询顾问，说明了自己面临的境况。最后，她问顾问："我该怎么办呢？我爱我的女儿，希望她能成功，但是我不能把钱砸进一家失败的企业。而且，我其他三个女儿对我给大女儿的帮助也怨声载道，认为我偏心眼。我怎么才能维持家庭的和谐，同时能够让企业盈利？"

> 案例1.2

另一家企业的首席执行官（CEO）打算近期退休。尽管他想自己和妻子能够保留大多数厂房与设备的所有权，但已经计划让四个儿子接管。他的儿子们不知道该如何拟定这个协议，于是就找来了顾问，提出了以下的问题：

（1）你认为父亲真想把企业交给我们，还是他仍想保留财产的控制权，以便能够管理企业？

（2）我们能信任他吗？

（3）我们每个人能持有企业的多少股份？

（4）谁会接任父亲成为CEO？

（5）每一个在企业中工作的家庭成员能够获得多少报酬？

（6）我们的一个妹妹不在这家企业工作，她是否能得到某种补偿？

> 案例1.3

一家成功的家族企业的CEO遇到一个两难困境。在早期创业的时候，他依靠几个兄弟姐妹起家，企业成功也很大程度来自于家族成员的努力与奉献。现在这家企业在成功地发展，但他意识到大多兄弟姐妹不具备承担企业下一个阶段发展的能力，公司需要更专业的技术和管理人员。他该怎么办？让家族成员接受培训，获得公司所需要的技能？辞退不胜任的家族成员？招聘更有经验和专业的外人替代家族成员，再给家族成员找个其他位置？家族成员对引入了职业经理人会有什么反应？不过，对这位CEO来说，最大的问题是：我怎么才能得到这些问题的答案呢？

这些就是家族企业领导人要面临的各种问题，经常需要咨询顾问的帮助。像上面三个案例中的问题就不太容易回答。但是，我们相信具备恰当经验且得到过验证的咨询顾问能够帮助家族企业回答这些问题。

因此，本书的目的就是阐述家族企业面对的独特问题，给顾问提供可用于帮助企业的策略，以及探讨顾问所需要的独特技能。

## 什么是家族企业？

在讨论什么是成功的家族企业咨询之前，很重要的一点是界定什么是我们所说的"家族企业"。我们可能对家族企业有许多定义，但是，就我们的目的而言，我们将家族企业界定为"所有权或者管理决策被一个或多个家族影响的组织"（戴尔，1986）。我们发现有很多的家族企业符合这一广泛的定义。在一些家族企业中，家族控制着所有权和经营管理权，因此能够对企业行为施加巨大影响（反之亦然）。在另外一些家族企业中，家族控制着企业所有权，但是聘用非家族成员的经理人来管理企业。在这类家族企业中，家族的兴趣通常是去影响企业的使命与目标，控制董事会席位，获得所有权的财务回报，但是并不想承担管理责任。还有一些企业，比如国际商业机器公司（IBM），通常不被视为家族企业，因为它们是由公众持股。但是，在老托马斯·华生确认由他的儿子小托马斯继任董事长，其他的儿子担任公司高管的关键人事决定上，仍然证明了家族对IBM的影响力。所以，即使像IBM这样的大型公众持股公司也可以被看作是家族企业。最后，还有一些企业看上去没有家族与业务的联系，但是当企业领导人的孩子长大成人后想加入企业，或者家族开始有兴趣获得企业所有权和管理决策权时，这家企业就会演变成家族企业。我们发现的确在有些时候，企业的创始人会宣称他们的企业不是家族企业，但在采取行动时会显示出相反的情况。此外，有些企业领导人因为担心家族企业的标签会意味着任人唯亲或者缺乏专业管理，所以会避免将自己的企业界定为家族企业。

家族企业的多种类型，以及一些企业主看待企业是否是家族企业的模糊性，给家族企业顾问制造了一些独特的问题。虽然我们的确根据一些确定的所有权与管理模式来看家族企业，但每一家仍然有其独特性、自己的历史和家族动态关系。因此，家族企业咨询顾问的一个重要作用就是准确地评估家族与企业之间是什么关系。但是，要做到这一点，顾问需要用系统性的视角来理解家族企业。

## 家族企业系统

我们找到了一套有助于建立家族企业功能的理论系统框架。很重要的一点就是把家族企业看作是由三个独立但重叠的系统构成：①企业系统；②家庭系统；③所有权或者治理系统。图1.1说明了这些系统以及它们相互之间的关系。

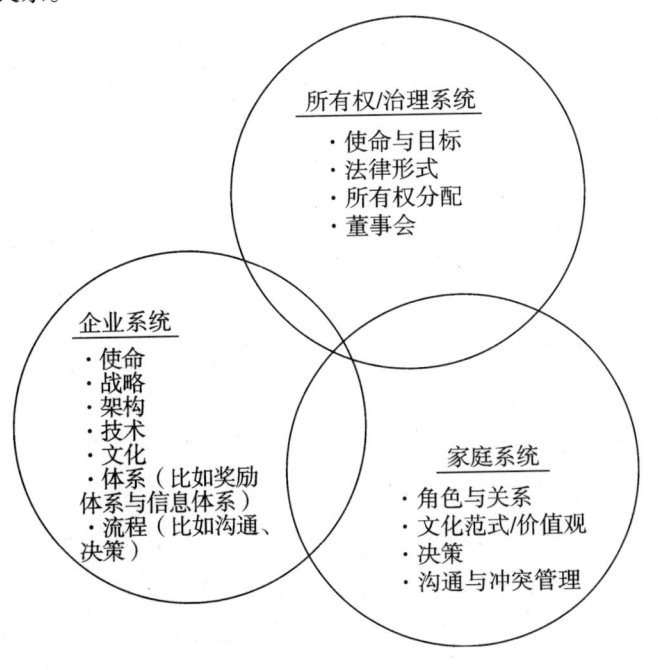

所有权/治理系统
·使命与目标
·法律形式
·所有权分配
·董事会

企业系统
·使命
·战略
·架构
·技术
·文化
·体系（比如奖励体系与信息体系）
·流程（比如沟通、决策）

家庭系统
·角色与关系
·文化范式/价值观
·决策
·沟通与冲突管理

**图1.1　家族企业系统**

资料来源于R. 塔居里和J. A. 戴维斯所著的《家族企业评论》（哈佛大学出版社于1982年出版）中的工作文件《家族企业的二元特征》。

企业系统包括了组织使命和战略，还有支撑企业战略的多种设计要素，比如组织架构、体系、技术和帮助企业实现目标的关键流程。所有权和治理系统包括企业的法律形式（比如，有限责任公司或 C 型股份有限公司等）、所有权分配、董事会或者其他治理机制，以及企业管理者的目标和愿望。家庭系统涉及与企业相关联的一个或多个家族、家族的目标和愿望、角色和关系、沟通模式，以及文化价值观。

## 家庭的价值观 VS 企业的价值观

当三个系统相互交织的时候，就产生了家族企业独特的动态关系。许多尝试成功地管理三个系统的家族企业领导人面对的冲突、争议、困境都是来自于家庭与企业之间不同的价值观，见表 1.1。

表 1.1　　　　　　　　　　家庭系统与企业系统的比较

| 冲突领域 | 家庭系统 | 企业系统 |
| --- | --- | --- |
| 目标 | 发展和支持家庭成员 | 利润、销售额、效率、成长 |
| 关系 | 密切的私人关系，关系最重要 | 半私人或者非私人关系，关系较为次要 |
| 规则 | 非正式的期望（这就是我们一直以来的做法） | 书面的、正式的规则，通常明确规定了奖惩 |
| 评价 | 因身份获得奖励；考虑"苦劳"；无条件的爱与支持 | 根据绩效和功劳来给予有条件的支持；雇员可以被晋升或被辞退 |
| 继任 | 因死亡、离婚或者疾病引起 | 因退休、晋升或离职引起 |
| 权威 | 基于家庭地位和长幼关系 | 基于组织层级的正式关系 |
| 承诺 | 代际和一生的承诺；基于在家庭中的身份 | 短期；基于雇佣的报酬 |

企业价值观与家庭价值观之间的冲突对咨询顾问而言一般都非常明显。企业存续的主要目的是通过盈利和效率增加股东的财富。成长性通常

都是期望增加财富的股东的目标。但家庭的存续是发展和支持家庭成员，以及实现情感支持的稳固纽带。家庭当中最重要的是人与人的关系，常常是私人的、持续一生的关系。与家庭中人与人的关系相反，企业中人与人的关系一般都是短期的、次要的、功利的。企业常常会明确表达行为规则，根据员工的行为给予奖惩。在不同的情况下，员工可以被开除或者被解雇。家庭的规则趋向于以不言自明的期望来强烈地影响家庭成员的行为。尽管家庭成员可能违背家族规则，但这种行为很少会导致这个成员被永久地切断与家庭的情感联系或者被阻止参加家庭活动。除此之外，家庭成员经常因身份而不仅仅是因为他们做的事情受到奖励。在家庭中，有苦劳就行。而且一个健康的家庭会给予其成员无条件的爱与支持。但企业是根据员工的工作结果和绩效给予奖励和晋升的。在家庭中，死亡和离婚会引起继任；但在企业里是因为经理人退休、晋升、离职或被开除引起继任。家庭中的权威建立在一个人的家庭地位（母亲、父亲、长子等）和年长的基础上，但是企业里的权威要依靠组织层级中的关键位置确定。其对家族的承诺世代相传、持续一生，对家族身份的强烈认同强化了这种承诺；但对企业的承诺是短期的，根据加入一个组织所做出的服务视情况而定。

家庭与企业在价值观上的分歧存在于这三个系统的动态关系当中。因此，家族企业顾问的挑战就是要帮助客户处理这些冲突，维持健康的企业、家庭和所有权系统。当企业和家庭的目标和价值观不一致时，他们处理起来并不容易。家族企业顾问常常发现自己要帮助客户去管理这三个系统的平衡。

## 家族企业咨询

我们发现家族企业咨询不同于非家族企业咨询。我们接受训练的组织发展领域在历史上的关注点是"行动研究",也就是咨询顾问帮助客户收集整理相关问题的资料,然后再反馈给客户。这些反馈被用来制订变革方案,顾问的角色也扩展为帮助客户管理变革过程的变革促进者。在本书中,我们将阐述如何用行动研究框架帮助家族企业解决问题。

传统的做法是组织发展(Organizational Development,简称OD)顾问主要帮助客户管理变革过程。但在家族企业咨询中,顾问不仅要精通过程管理,而且还要为客户提供实在的内容(Content Information)。客户有许多实在的问题(Content Questions)需要解答。例如,顾问正在帮助家族企业的掌门人规划所有权和领导权的继任,那么他可能需要收集有关家族企业现状的资料,而且当企业进入新领导人和所有人的阶段后帮助他们管理必要的变革。虽然管理这种过渡的过程很重要,但为了解决关键问题,顾问可能还需要帮助家族改变遗产规划、法律形式、企业所有权分配。因此,顾问需要内容知识(Content Knowledge)和技术专门知识才能完成这些转变。在这点上,我们发现家族企业顾问来自各种不同的领域,比如会计、法律、家庭治疗、遗产规划。每一个领域都具有一套知识体系和技术专业来帮助家族企业。我们还发现,除非顾问能够正确地整合内容(Content)和过程(Process)两方面的知识,否则大多数家族企业的变革努力都不会成功(希尔伯特-戴维斯和森图里亚,1995)。这就是为什么处理家族企业问题通常需要多学科顾问团队的原因,因为没有任何一个人具备所有需要的内容和过程知识。我们与家族企业合作的过程中,通常会把变革过程中的一些关键部分转交给其他顾问,或者与其他顾问合作,共同寻求有效的解法方案。

看一个例子。两兄弟创建了一家企业，弟弟不幸因癌症去世，他的妻子成了合伙人。在世的哥哥和他的弟妹互不信任（译者注：背景资料上无法识别是兄还是弟，也可以看成嫂子。只要不影响对问题实质的理解，本书中提及姻亲和血亲关系时均不深究其真实的关系类型），引发许多家族与企业问题。为了解决这些问题，一名组织发展顾问被邀请来调解两人之间的矛盾。在花了一整天的时间访谈和经历了几场情绪激动的会议之后，两个对手同意拟写一份新的合伙协议，其中包括一人死亡时的股权买卖协议。一旦这份协议完成，组织发展顾问就会联系家庭律师来审查有关协议的法律问题，并把协议转换成法律文件。如果没有组织发展顾问和律师的合作，一次有效的变革就不会发生。

这个哥哥与弟妹之间冲突的例子突显了家族企业咨询的另一个独特特点——情感问题。尽管情感在所有工作场合都会影响个体，但是对家族企业的影响尤为明显。客户可能发火、尖叫、哭泣或者萎靡不振。家族企业的企业家们也被认为是反复无常、不易相处的。家族企业中的变革通常会动摇最初形成的行为模式。在咨询过程中，当权力、威信、角色定位、自尊发生改变时，就会引发各种情绪。因此，家族企业的咨询顾问，要做好企业主、家族与企业三方面的工作，必须准备好帮助客户解决在他们提升家族和发展企业中经历的情感问题。而对于只需要做企业一个维度咨询的顾问来说，就不会涉及家庭和所有权等其他系统，其工作方法就与家族企业顾问有区别。

鉴于顾问要同时具备内容和过程知识的重要性，以及具备需要帮助家族企业解决情感问题的能力，本书的其中一个观点就是不同领域的顾问必须协同工作。不管顾问以前是什么专业，我们相信来自于组织发展领域的行动研究框架是帮助家族企业管理困难变革最好的方法。具备所需学科的专业知识，顾问或顾问团队能应用这些知识去帮助家族企业领导人理解他们的选择，推动技术或者内容上的变化。

借助本书中的理论、模型和变革策略，我们希望来自不同学科领域的顾问能够建立一套通用的参照系（观点、体系）和共同语言，以便在为家族企业提供咨询的过程中合作和相互学习。如果缺乏这种共同的模式，顾问可能在工作中感到困惑，客户也得不到优质的服务。

## 家族企业咨询领域的发展

过去十年中，人们对家族企业咨询的兴趣明显增长。这个领域虽然相对年轻，但是已经变得很火，涌现出来自精神健康、法律、财务、会计、管理和组织发展各个领域的专业人士。有关家族企业的研究也与日俱增。已故的《家族企业评论》（Family Business Review）编辑克林·盖尔西克（1994）在论述家族企业咨询作为一项职业的简短历史时写道，有关该主题的早期信息可以追溯到"20世纪50年代到90年代之间偶见的来自于个人怪僻兴趣的文章和讲座"。在20世纪70年代，偶然见到一篇该主题的文章，人们通常关注的也是财富传承或者诸如裙带关系之类的家族冲突。随着人们帮助家族企业成长的兴趣的增长，家族企业研究领域终于在20世纪80年代早期诞生了。

20世纪80年代，职业人士和学者开始认同"家族企业领域"和认同他们作为"家族企业顾问"的身份，也有人认为他们是家族企业某个特定学科的专业人士。家族企业顾问开始寻求各种路径进入家族企业咨询业务。理查德·贝克哈德写道："一些人不知不觉地进入这个领域。我的一个客户在20世纪50年代是一家小型的家族所有公司。我发现当我与这家公司合作多年后，我开始与这个家族有了密切关系——获得了所有权和公司里的位置。"（兰斯伯格，1983，29页）但是，近年来，家族企业顾问已经目的更明确地进入这个领域。会计师和律师常发现他们的大部分客户是家族企业。越来越多的治疗师，不管是因为管理式医疗的失败还是渴望挑战，把他们的业务扩展到更大的系统，也发现了家族企业咨询这个领域。管理和组织发展顾问则被家族企业复杂系统的咨询挑战所吸引。因此，家族企业咨询开始成为一个跨学科领域。

给家族企业做咨询的顾问很快会发现，家族企业不仅仅是小企业或者世界范围的组织中的一小部分。最近有关家族企业的统计表明：

（1）北美超过90%的企业和世界大多数企业都是家族所有；

（2）世界500强公司中的接近35%都是家族企业；

（3）美国的家族企业提供了所有新工作机会中的78%和国家就业中的60%，以及贡献了国内生产总值的50%。（资料来源：ffi.org/looking/facts.html）

尽管家族企业在世界经济中占有主导地位，但像托马斯·皮青格尔已经指出的那样，自从工业时代开始，污名就伴随着家族企业，因为家族企业感觉上不像是企业，而且没有理性。不过，皮青格尔又在《新先锋》中指出，这种观念正在发生变化："重要的是要理解家族企业已经成为所有企业的榜样。因为在今天比在一百年或更早之前，企业更是建立在关系之上——这正是家庭形成的要素。"（1999）阿尔文·托夫勒在《权力转移》一书中预测说，家庭关系在企业中起作用的地方，官僚的价值观和规则就会被颠覆，随之被颠覆的还有官僚主义的权力结构。这一点很重要，因为家族企业今天的复苏并不是昙花一现的现象。我们正在进入一个"后官僚主义"时代。在这个时代里，家族企业是官僚主义的许多替代物中的一个（1990）。

尽管家族企业在崛起，但这些组织即将出现的问题也很明显。例如：

（1）它们有相当高的失败率：大约有30%能存续到第二代，只有12%能存续到第三代。

（2）在接下来的五年中，美国有39%的家族企业会经历领导权的变动；而在未来的二十年中，4.8万亿美元的财产将从第一代转移到第二代，这会是美国历史上最大的一次代际财富转移。

（3）年长的家族企业股东中有25%的人除了立有遗嘱之外，尚未做任何财产规划；81%的家族企业希望企业仍掌握在家族手中，但是有20%的家族企业对把企业托付给下一代没有信心。（资料来源：ffi.org/looking/fbfacts_us.html）

这些问题意味着咨询顾问有许多工作要做，以帮助家族企业在未来成功。

除了契合那些与家族企业合作的有同样想法的专业人士的需求之外，1986年美国家族企业学会和1990年欧洲家族企业网络的成立，也是对家族企业所面临的挑战的回应。这些组织有助于该领域的发展，其成员包括学者、顾问和家族企业，他们共同阐明该领域中的最新实践。自从这些组织成立以来，家族企业研究和咨询实践已经吸引了众多领域的专业人士。目前全球大约有1100名家族企业顾问和超过150个家族企业论坛在为家族企业提供继续教育。（资料来源：ffi.org/looking/fbfacts_us.html）

这些企业充满精力、不断变化的特点，使与家族企业有关的信息的需求变得重要起来。例如，莎伦·尼尔顿（1995）在《国家商业》上指出，在过去的十年，家族企业：

（1）更了解什么能让它们成功；

（2）更愿意把自己看作是家族企业；

（3）正在采取或知道需要更专业的运营；

（4）更多地被女性管理；

(5) 更具有全球视野，获得了更多政治影响；

(6) 反映了家族定义的变化。

因为这些变化，我们看到了学者和顾问研究和帮助家族企业的兴趣激增。

**处在多个边界上提供咨询：家族企业顾问的角色**

不同种类的顾问存在于家族企业三个不同系统中——往往好像这三个系统各自独立、互不相同。图1.2说明了顾问通常在哪个领域开展工作。

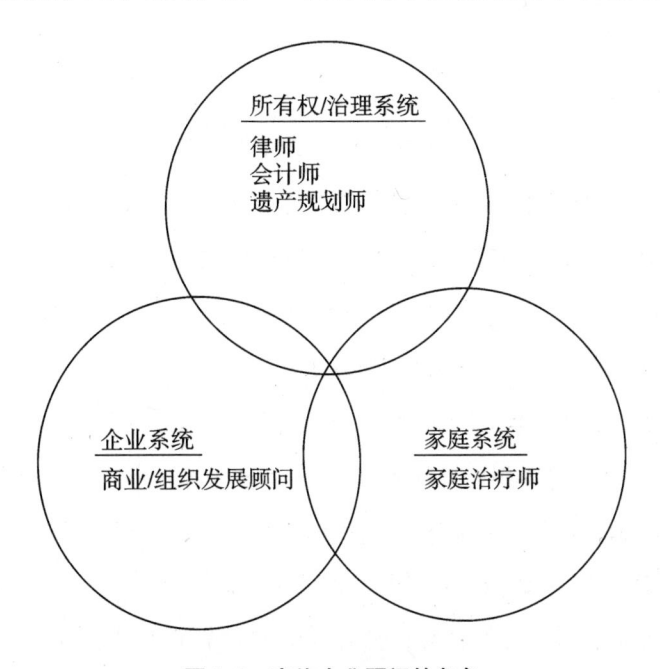

图1.2 家族企业顾问的角色

如图1.2所示，诸如战略规划、市场营销和运营领域的企业顾问只是尝试提升企业系统的功能。组织发展顾问的大部分工作也是在商业系统中开展。律师、会计师、遗产规划师往往发现自己只关心企业被谁所有和治理。家庭治疗师则主要关注家庭健康，改善家庭关系和家庭成员个体的功能。

家族企业顾问和上述只在一个系统中开展工作的顾问的区别就是,家族企业顾问在这些系统重叠的领域里开展工作。例如,家族企业顾问可能帮助一个陷在冲突里的家庭,因为他们不知道是否应该把对方当作是家庭成员还是雇员。顾问可能让客户参与继任规划以确保兼顾家族、企业和股东的需要。顾问还要确保家族能够合适地参加董事会和监控董事会的效果。

为了说明为什么家族企业顾问必须具备多系统的视角(Systems Perspective)才能有效地给予家族企业领导建议,我们来看下乔治亚·怀特和约翰·怀特的例子(化名)(戴尔,1992)。约翰和乔治亚创办了一家非常成功的零售企业,企业发展迅速,价值几百万美元。因为约翰和乔治亚经常乘坐私人飞机,所以担心如果自己遭遇空难后会对企业造成影响。于是,他们联系了会计师事务所,得到的建议是将49%的股权转让给他们的子女——大多数都只有十多岁——每个孩子获得这家价值几百万的企业的49%股份中的五分之一。这样一来,如果他们死了,就可以避免遗产税。当然,约翰和乔治亚相信他们不会死于一场事故。而且,除非他们老了,子女也不会取得遗产。不幸的是,怀特夫妇和会计师都没有考虑到公司所处行业的波动,或者孩子们的成熟度。因为不可预见的经济逆转,怀特夫妇被迫出售公司业务。而拥有公司几乎一半股份的子女一夜之间变成了百万富翁。乔治亚·怀特如此评论这种结果对她的家庭带来的影响:"如果我今天还能改变什么,第一个改变就是,如果我知道会出售公司的话,我不会给我们的子女49%的股份。他们应该自己挣钱、接受教育、选择职业、购买第一套房、努力工作买家具、找到方向、最后成就他们的目标。这样他们才能够真正明白靠自己成功的那种兴奋感。但现在,作为父母,我们感觉到已经在这方面失去了控制,而且给他们造成了很大的伤害。这是我们最大的担忧。当然，他们可能会对我这样说感到吃惊。他们现在十分激动有这样好的机会买新房、每天打高尔夫、做任何他们想做的事情。但是，他们太快地获得了太多的钱，这在未来对他们是一个魔咒。这是约翰和我最大的担心。他们不知道也不理解成功的真正价值。"（戴尔，1992）

这个案例说明了普通顾问只考虑一个系统会造成何种结果。会计师给怀特夫妇的建议，目的是减少税负，但他们没有审视企业可能在某种市场情况下被出售的可能性，也没有想到一大笔意外之财给孩子们造成的影响。怀特夫妇得到的建议很糟糕，所以现在必须深思"如果当初怎样，会得到什么结果"。

在接下来的一章，我们将探讨健康和非健康家族企业的特征，给顾问提供一个能评价家族企业有效性的框架。

# 第二章 健康家族企业的特征

因为家族企业有几个复杂的系统，而家族企业顾问又是在几个系统的边界上开展工作，所以咨询顾问对家族企业的咨询需要对这些企业有独特的理解。家庭治疗师和顾问萨尔·米纽庆就承认家族企业的复杂性。他在接受《家族企业评论》的一次采访中把家族企业比喻成"俄国小说"——其中有许多陪衬情节构成了完整的故事，而且这些情节同时进行（兰斯伯格，1992）。挑战就是鉴别这些情节并管理好我们对此的反应。把它们简化成情景喜剧一样的简单故事情节会很大程度限制我们的能力去合作、创造和管理类似莎士比亚剧作中的挑战。即便到今天，虽然家族企业自豪地宣传家族企业这种身份，但如果它们认为需求并没有被完全识别和理解，那么它们的担心是有理由的。

在本章中，我们会通过阐述家族企业的优势和劣势来更全面地探讨家族企业的动态关系，特别是健康和不健康的家族企业的特征。对刚开始帮助家族企业的顾问来说，他们需要建立起出一个全系统健康（System-wide Health）的标准框架来比对客户的情况与健康组织的情况。

## 健康的家族企业

咨询顾问要理解如何更好地为家族企业提供建议，关键是要理解健康和不健康的企业分别是什么样。兰斯伯格（1999）在《世代相传》中把成功定义为"愉快地在一起挣钱"。一家健康的家族企业不会被拴在冲突的死结上，而是成员之间相互信任、对未来充满信心，能够充分利用各自的能力和知识。

以下列出了一个健康家族企业系统的特征：

## 家庭功能

（1）个体能够管理好自己，以及管理好和其他成员的关系；

（2）通过相互支持与信任，家族有能力解决冲突；

（3）工作与家庭之间的边界合理且受到尊重；

（4）聪明地运用知识，而不是受到未解决的关系问题的阻碍；

（5）开放和明确的沟通；

（6）个体具有灵活性，能够聪明地用好顾问；

（7）家族有能力做出决策和向前进步；

（8）家族有清晰的目标并能驶向目标；

（9）家族有明确的方向和优秀的领导；

（10）管理良好的、仪式性的过渡；

（11）代际间的界限合理并得到尊重。

## 企业管理

（1）知识得到发展，并且作为集体智慧在组织中流动；

（2）组织及其成员能利用知识去适应变化的环境，打造可持续的、有竞争力的业务优势；

（3）依据知识和专业做出决策；

（4）组织学习发展出新的能力和有效的行为；

（5）责任与权力平衡；

（6）领导才能遍布整个公司或家族；

（7）较早地规划继任。

### 企业治理与所有权系统的发展

（1）清晰的使命和目标；

（2）有家族外成员参加的、运行有效的董事会；

（3）有合理的代际间继任和所有权转移的计划。

### 家族企业系统之间的边界有效

（1）企业把家族的价值观整合进战略规划；

（2）边界能被渗透，使信息在不同系统之间合理交换；

（3）每个系统都通过价值观和目标来控制路径；

（4）企业的问题不会牵扯进家庭，家庭的问题也不会牵扯进企业；

（5）系统之间相互学习（家族的学习流入企业，企业的学习流入家族），并且转化为行动；

（6）家族每一个成员明白其他人的核心能力，也明白公司的核心能力。

威廉姆斯家庭可能算是一个健康家族企业的例子。这个企业由一位担任董事长的母亲领导，三个姐妹共同经营。家庭成员之间互爱互重，每个人都在家族企业中成长并且清楚其他人的角色。她们定期沟通，尽管在业务上存在不同意见，但并不会影响她们的家庭生活。因此，她们定期团聚和度假，企业也不断成长。姐妹们定期碰面评估业务表现，解决问题。她们从家族外面找来专业人士——尤其是在财务领域——帮助企业运营。她们还有一个能发挥作用的董事会，其中包括具有特殊专业能力、能为企业高级经理提供方向的非家族成员。家族价值观既在家族成员中沟通，也与非家族成员分享。从许多方面看，她们的企业成了家族价值观的延伸。此外，家族还采取行动保护自己免于不可预见的事件，比如关键家族成员的死亡和能力丧失。她们已经制定了一个在未来能帮助领导权继任的程序。家族成员常常表达自己对作为家庭一员的骄傲，以及与家庭成员一起工作的欢乐。

## 不健康的家族企业

与威廉姆斯家庭相反，戴维斯家庭则是另一回事。企业的创始人吉姆·戴维斯向家族企业顾问这样描述他的境况："我让我儿子在企业中工作了一段时间。最近，我觉得他行为不端，于是把他开除了。我妻子对此心烦意乱，把我赶出家门。我现在只能睡在办公室的沙发上。还有，我的企业已经有几年没有发展了。有时我感觉一大堆不得不做的工作能把我压垮。我既没有董事会也没有其他人可以寻求帮助。我该怎么办？"吉姆对家族企业的描述突显了不健康的家族企业的关键特征。我们可以把这些特征归纳如下：

（1）家族沟通技巧差，不能管理冲突；

（2）家族成员之间缺乏信任；

（3）家族的目标和价值观不清晰；

（4）家族成员的角色和义务不清晰；

（5）企业缺乏方向感，也没有战略规划；

（6）企业缺少足够的专业人士，家族试图包办所有事情；

（7）几乎没有考虑继任计划；

（8）家族成员和非家族成员之间缺少合作；

（9）缺少一个有效的董事会；

（10）对关键问题无处寻求建议和帮助；

（11）家族争议波及企业，或者企业争端波及家族；

（12）工作与家庭的边界不清。

以上是家族企业可能存在严重问题的少数关键警示信号。在第三章里，我们会进一步探讨如何诊断家族企业的健康性。

## 家族企业的优势与劣势

尽管我们理解引起家族企业健康和不健康的情况会有帮助，但大多数家族企业不能被归为完全的健康或者不健康，因为每一家都有自己的优势和劣势。就像硬币的两面，我们确实需要审视家族企业的优势和劣势才能最好地理解其独特性。家族企业的一个特殊维度到底是优势还是劣势取决于三个因素：①多大程度上管理着家庭与企业的边界；②每个系统的健康性；③在边界的交互界面上，多大程度阻碍或鼓励适应和学习。表2.1列出了家族企业的不同维度，以及与之联系的优势和劣势。

表 2.1　　家族企业的优势和劣势

| 维度 | 优势 | 劣势 |
| --- | --- | --- |
| 基本面 | 非正式、灵活、具有企业家精神、创新 | 不清晰、混乱、边界问题、不决断、抵制变化、管理方面没进步、没有组织结构图 |
| 角色 | 通常具有多种角色、灵活、双重关系、快速决定 | 角色混乱、完不成工作、裙带关系、学习和客观性的双重角色、家族与生俱来的权力导致不胜任的家族成员占据职位 |
| 领导力 | 创造、野心、非正式权威、企业家精神 | 专制、抵制结构和体系、不想放手 |

表2.1(续)

| 维度 | 优势 | 劣势 |
| --- | --- | --- |
| 家族的参与 | 有承诺、忠诚、共享的价值观和信仰、家族精神、名声和梦想、强烈的使命感/愿景 | 不能把家族争议放在业务之外、不能平衡家族和企业的流动性需要、缺乏客观性、向内的视角、情感主导决策、不能将工作和家庭分开、内部抵制 |
| 时间 | 长远视角、承诺、耐心资本、忠诚、深层的联系、基于时间建立的信任 | 很难变化、传统约束、家族历史影响企业决策、信任会受到早期的失望影响 |
| 继任 | 培训可以早期开始、一生的辅导、可以选择合适时间离开企业 | 家族争议会介入、不愿放手、选不出继任者 |
| 所有权/治理 | 封闭、家族所有、高度控制、收益是激发因素 | 可能为了控制权牺牲发展、不必回答股东问题、通常没有外部董事会成员、高度重视隐私 |
| 文化 | 创新、非正式、灵活、有创造力、适应性、共同语言、有效沟通 | 创业者的角色扼杀创新、低效、高度情绪化、抵制变化、被动、冲突的高风险 |
| 复杂性 | 可以培养创造力、角色和目标的大量互动 | 必须管理以避免混乱、可能流失资源和能量 |

我们接着按顺序说明这些维度。

基本面。家族企业的基本面通常比较随意、面对面，甚至可能包括"耳边风"！这种情况如果管理得当，会产生能够培养创造力和创新的、非正式、高度联系的氛围。但劣势是角色往往不清楚，可能有关谁做什么事之类的冲突会加倍，随意可能变成粗心，职业道路可能不清晰。不管是源于对官僚机制的厌恶或者缺乏正式运营系统的知识，结果产生的不正式会加剧家庭冲突、影响效率，促使产生一种基于危机的、被动的回应现实的途径。

角色。家族成员至少具有四种角色：家庭角色、企业角色，以及在这两者中的任务角色与情感角色。任务角色是指分配的工作；而情感角色通常是由指人的个性引起的角色，可能是个和事佬，或者喜剧演员，或者悲观主义者，或者乐观主义者。出生的先后顺序也可能影响到所扮演的角色（佛尔，1977；勒曼，1992；托曼，1976）。此外，家族成员通常愿意做能够让公司成功的事情。这种情况很常见，特别是在年轻的小公司中。大家会看到企业主自己打销售电话、跑腿、尝试获取资助，其他家族成员或雇员也会如此。当家庭角色和工作角色混淆时，角色冲突就会对企业造成伤害。兄弟姐妹之间的争议会在家庭中激起怨愤，在董事会或管理会上爆发。斯图·里奥纳德给了一个平衡多种角色的例子，他曾经把表现不好的一个儿子叫到办公室，指着办公桌上的两顶帽子——一顶上写着"老板"，另一顶上写着"父亲"。斯图戴上写着"老板"两个字的帽子说："我已经对你差劲的业绩表现提出过许多警告，但你没有改进。所以，你被开除了。"然后，他又戴上写着"父亲"的帽子说："儿子，我听说你被开除了。有什么我能帮你的吗？"（戴维斯，1990）

领导力。第一代家族企业中的领导是有企业家精神的创始人，他们通常采用非正式的方式领导，并且抵制结构和体系。沙因（1983）认为企业家是有直觉、没耐心、容易厌倦的人。尽管下一代的成功很大程度依靠第一代人的训练和辅导，以及继任计划的有效实施，但这样的领导会阻碍下一代的独立性。通常情况下，在后面几代，领导权演进为更职业的经理人风格，或者形成兄弟姐妹团队或同辈人的组合（兰斯伯格，1999）。尽管有效的兄弟姐妹团队的回报高，但达成这种有效团队的道路令人却步。正如一个试图与她的兄妹共事的客户问道："我们怎么才能做到？我们怎么才能解决这些问题？我们正在努力尝试，但是我想父亲是唯一的一个老板时事情要容易实现得多，他不需要同其他三个人分享和制衡权力。"

家族的参与。家庭的角色提供了一个重要的维度。与通常阻止家族的参与以及政策上防止裙带关系的非家族企业不同，家族在家族企业中扮演着完整的角色。家族成员在意家族在社区和行业的名声，他们共享价值观和信仰体系，认同他们的身份，知道自己希望成为什么样子，以及要保留企业的哪些传统。但是，这些承诺并非没有代价。有时候，家族成员的收入低但工作时间长，因此产生不满。第二代成员感到不公平时会引发敌对情绪或行为。太多亲密无间的关系往往会引起冲突，或者导致家族不能看到更大的图景，或者意识不到环境的变化。因为家族企业更容易是个封闭系统，不太情愿向外部寻求帮助或者去审视更大的经济环境，这些问题对家族企业而言就特别真实了。例如，《烈火之灵》经常被用来教育家族企业。影片中的父亲拒绝听孩子们的话，因为他们警告父亲当前的项目太贵，会毁了公司。而父亲想坚持老路子、老眼光，不承认这个项目会导致企业破产。他把孩子们的反对视为背叛，并坚持做这个项目，最后几乎毁了企业和家庭。（大多数影像店都出租这部电影）

时间。时间有多个维度：家族历史、未来的梦想和计划、现在的情况。家族企业的非正式性通常有助于更快地适应市场。尽管企业可能还年轻，但是家族已经有了很长的历史，能够为企业梦想提供长远的视角和相互间的忠诚。此外，家族所有者可能愿意放弃短期财务收益，以鼓励业务未来的增长和稳定。但是，家族传统可能对企业来说合适，也可能不合适。家族历史还有可能在情感层面上影响重要决策和个体在企业中的角色。时间作为一种象征，可以在家族静修会上用来荣耀过去、着眼现在、创造未来。

继任。糟糕的继任计划是家族企业高死亡率的主要原因之一。值得注意的是，家族企业的CEO比公众公司CEO的任职时间长六倍（克里夫，1998）。一个长时间的CEO任期使得正式的继任计划在正式继任程序前几年就开始。但不好的地方是这种继任计划是自愿的，需要企业创始人让权、有选择继任者的勇气，还要取得家族对继任计划的支持。尽管阿瑟·安德森家族企业中心主任罗斯·纳格尔的一些证据表明，家族企业正在财务上变得更加复杂，CEO们并没有变得更情愿参与继任和战略计划（克里夫，1998）。柯林斯和波拉斯在他们对高瞻远瞩公司的行为的经典研究《基业长青》中提到一个有趣的发现："在高瞻远瞩公司里自行成长起来的管理规则远远超过对照公司。这一点一次又一次地粉碎了自己人没有重大变革和新鲜构想的惯常看法。"在家族企业中培养新领导人的可能性存在于做继任计划的时候。

所有权/治理。既然处于发展早期的家族企业通常是封闭持股和私人所有，所以企业主对公司有绝对的控制权。治理结构建立在创始人的决定之上，并取决于他们的领导能力和领导风格。约翰·沃德（1997）提到，拒绝外部董事会可能是基于对未知的恐惧、对失去控制权的担心、官僚制度的阻碍，或者有太多工作而无心顾及。但是，研究表明有家族外部成员参加的董事会对成长中的家族企业的长期成功至关重要。

文化。组织文化，或者说组织的个性，比较复杂并且分为多个层次。沙因（1983）解释说，家族企业包含了创始人在企业早期的价值观、风格和精神，通常具有创造力、不正式，而且经常变化，但也会反映出其个性中不健全的一面。一般而言，沟通要建立在相互信任的基础上，家族成员认为不需要员工手册或者操作手册。家庭成员的知识隐蔽在水面以下，很少被质疑或者评估。

复杂性。复杂性在家族企业里可以是负担也可以是资产。一方面，它带来企业和家族目标和角色的大量互动。另一方面，它也是带来家族价值观和企业价值观交锋的诱因。复杂性会促进企业发展，也可能因为阻碍家族企业学习和适应的系统能力而使发展停滞。家庭的功能与企业的组织之间有强烈的相互影响。在《家族企业评论》的一个有趣的研究中，戴恩斯、犹克、基恩和阿巴斯诺特（1999）发现企业与家族之间的冲突程度会对企业是否成功达成目标产生影响。但是，角色、关系、所有权、管理和家庭系统的重叠，以及不断增加的情感因素并不会必然导致功能失调的程度增加。关键是家族企业要有管理冲突和开放面对相伴随的机会的系统性能力（谢尔曼和舒尔茨，1998），为了达成这个目标，家庭和企业必须能够共同有效地工作。

有关家族企业相对优势与劣势的讨论可能已经开始使顾问对尝试确定家族企业健康性的顾问有一点感觉。现在，我们要把注意力转向家族企业咨询的过程。

# 第二部分

# 家族企业咨询

# 第三章　咨询合同与评估

七十五岁的莫特·托马斯已经在珠宝行业工作了近五十年。他最初和叔叔一起工作，四十五年前自己开了一家珠宝店。多年来，业务不断增长，莫特现在一共拥有八家珠宝店，年收入接近1200万美元。六年前，妻子谢莉在与癌症抗争了两年后去世了。在谢莉生病的时候，莫特开始考虑减少工作量。谢莉的去世对他打击很大，使他改变了对退休的想法。他不断思考："我手上还有的这些时间应该用来做什么？"他们曾经打算搬到西南部地区，在那里他们有一套公寓，还有五十五岁的女儿哈利特和她的丈夫以及三个孩子。

莫特的两个儿子，四十八岁的马克和四十四岁的史蒂夫，目前也在珠宝店工作。马克任总经理，史蒂夫负责市场和销售。莫特作为总裁拥有公司全部股权。尽管他已经告诉所有人，马克会接任总裁的职位，但他还没有做任何正式的继任和遗产计划。兄弟俩天天在公司争吵，都单独向莫特报告。莫特试图调解他们的不和，但都没有成功。莫特说两个儿子的冲突都快"杀死他了"。如果他俩不能表现得像成年人，关系相处好一点，他简直无法考虑继任计划。非家族成员也被卷入两兄弟的争斗，整个企业的士气变得前所未有的低落。

尽管莫特不再有任何正式的责任，但他还是每天都到办公室。马克提到说，莫特要把我逼疯了，因为他还想介入每天的运营。尽管有这些问题，企业还是在持续扩展和盈利，带给一家人不错的生活。但是，家庭问题开始扩散到企业。在企业工作了十五年的一家珠宝店经理汤姆威胁说要离职。人力资源总监试图让两兄弟主持高管会议，但是会议总在争吵中结束。莫特只有少量的存款和退休金，他所有的财产都在企业里。他的律师戴维与他共事了三十年，已经放弃了劝他做一个遗产计划。多年来，莫特已经和孩子们达成一个秘而不宣的协定，就是只要孩子张口，莫特就会借钱给他们。莫特说他就是说不出"不"字。莫特的一个朋友也在这家珠宝店工作。他在一次遗产计划会上听过简的演讲。他知道莫特的问题，而且也把简的电话号码给了莫特。当马克要求莫特提供21 000美元的贷款时，莫特找到了简。

这是个典型的家族企业案例。呈现的问题比较复杂，对顾问提出了以下问题：

（1）我能否独自处理这些问题？如果不行，我需要哪些人加入这个团队？

（2）从何处着手？

（3）谁是客户？应该从家庭开始还是从企业开始？

（4）如何帮助他们解决冲突？

## 咨询过程

家族企业咨询的路径不止一条，但我们用的一个方法是组织变革中常用的评估和变革行动研究方法的修改版。因为步骤有重复，所以我们用图3.1的循环来表示。

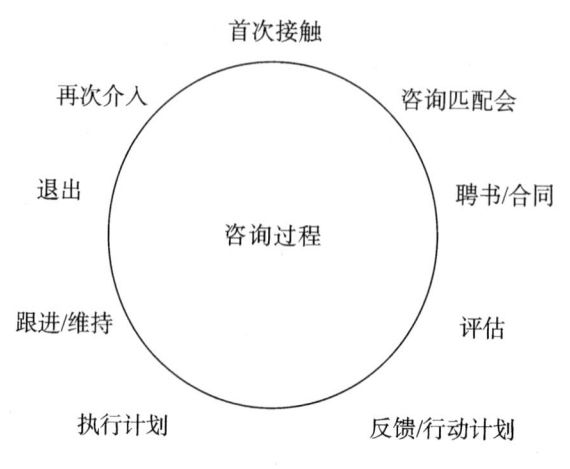

```
              首次接触
    再次介入          咨询匹配会

      退出                    聘书/合同
              咨询过程

    跟进/维持              评估

       执行计划      反馈/行动计划
```

**图 3.1　咨询过程**

在本章中，我们将讨论咨询过程最开始的四个阶段：①首次接触；②咨询匹配会；③签订合同；④评估（注意：变革过程通常不会以线性顺序发生，但仍然有必要理解基本原理，以便对意外、突发事件和看上去似乎随机的事件有所准备）。在表 3.1 中，我们概括了和咨询过程各阶段相关的目标、问题、结果和风险。

表 3.1　　咨询过程的最初四个阶段

| 阶段 | 目标 | 问题 | 期望的结果 | 风险 |
|---|---|---|---|---|
| 首次接触 | 评估变革的动机，理解主要参与者的想法 | 谁承认这些问题？谁有影响力？推荐渠道及如何被推荐？之前发生了什么事情促使客户打电话 | 约定咨询匹配会的时间 | 低估了问题的复杂性，高估了自己的能力 |
| 咨询匹配会 | 评估与客户的问题、个性是否能很好匹配 | 什么问题？客户怎么描述问题？其他人怎么看？期望的目标和结果？家族为此改变打算投入什么资源？他们对你和你的工作有什么期望？变革的动力在哪里 | 合作协议，从推荐过渡到聘用，开始建立信任 | 仓促得出结论，没有获得签订合同的充分信息，没有明确说出自身的偏好（比如，民主参与、公平、公开沟通、冲突的重要性） |

表3.1(续)

| 阶段 | 目标 | 问题 | 期望的结果 | 风险 |
|---|---|---|---|---|
| 签订合同 | 合同内容涵盖工作范围、时间、工作产出、客户和顾问的期望 | 双方对工作的共识？如何收费？工作范围 | 签订合同 | 低估工作量、费用，关注的范围太小 |
| 评估 | 获得业务、治理、家庭的完整信息，理解客户提出的问题和真实的问题，拓宽视角，提供变革过程地图 | 家族的愿景？当期的主题？变革的动力（正向和负向）？真实的问题是什么？他们如何能管理好数据（Meta评估或者综合评估）？要开展的工作和过程中可能的障碍 | 理解问题、介入的建议 | 对问题先入为主，没有获得全部三个体系的信息，没有看到技术解决方案，没有识别多个实际情况，缺乏系统性洞见的能力，太局限在某个领域 |

# 首次接触

第一次寻求帮助的接触往往是通过电话开始的。要求帮助的人可能是参加了顾问主持的研讨会、阅读过顾问写的文章、从熟人那里听说或者有其他人推荐。在与潜在的客户首次对话中，顾问有几个问题要回答：

（1）谁打来的电话？他/她的角色是什么？

（2）推荐来自哪里？这个渠道会如何影响你与客户的合作方式？

（3）客户的请求和问题？

（4）需要何种咨询技巧？对方是否要求技术建议（信息）或者过程指导（指导过程和流程）？

（5）这个家庭/家族是什么样？（家庭基本面和关系）

最后，谨记一条格言"客户打电话来不是要求变化，而是变化的结果"。潜在的客户打来电话是因为他们已经经历了生活中的某种变化，这种变化促使他们打电话给顾问。大多数客户正在经受相当大的痛苦，促使他们寻求帮助。因此，在初次接触中确认客户痛苦的源头非常重要。根据我们的经验，客户寻求帮助大多数常见要求可以分成如下几类（哈伯森和斯特拉坎，1997）：

（1）家庭冲突；

（2）缺乏清晰的目标和价值观；

（3）家庭沟通和行为问题；

（4）继任问题。

简第一次与莫特是通过电话接触的。这次接触发生在两兄弟一次激烈的争吵之后。莫特说他从一个朋友那里得到简的电话。他希望简能帮助他"停止马克和史蒂夫的争斗，让他们对自己表示一点尊重"。他还没有继任计划或者遗产计划，也没有清晰描述马克这个有确定继承权的人的职位。莫特认为只要停止了兄弟间的争斗，这些问题解决起来都比较容易。简说她愿意去见莫特、马克、史蒂夫和哈利特，以便尽可能看清楚情况。她还说明了咨询过程，安排了一次家庭会议。但是，如果简没有必需的知识或者专业帮助莫特家解决他们当前遇到的问题，或者感觉莫特的目标不合适，她可能会让莫特去找其他能够解决这些问题的专业顾问。当顾问不能解决客户问题时候，感觉自己不能胜任或者不太适合面对当期的问题时的最好决定就是把客户推荐给其他顾问。

## 咨询匹配会

顾问与客户初次接触之后，就要组织会议更详细地讨论客户所面临的问题。在一些案例中，顾问可能需要邀请家族企业中多个成员参加，以澄清问题和界定真正的客户。这个阶段的介入目标首先是界定客户。这不像看上去那么简单，因为可能每个专业人士界定的客户都不相同。随着家族企业咨询的演进，认为应该把家族企业系统作为客户的观点逐渐增加。但是，许多为家族企业做咨询的治疗师把他们的工作界定成，为在企业中工作的家族提供咨询。法律专业人士有界定客户的明确指引，但是也会面对家族企业系统需求提出的挑战。以往相关的会议和研讨中大部分时间被用来讨论这些问题："谁是客户？家族？企业？还是企业主？"我们认为应该是家族企业系统。但是，我们在每一个咨询任务中都需要彻底、仔细地考虑这个问题，因为对客户的界定会影响工作效果。当客户界定清楚以后，下一个目标便是协商工作范围，明确客户和咨询顾问的期望，提出有关变革过程和抵制的风险，达成协议，澄清顾问的角色，以及界定顾问交付的工作成果。

在最初的会议中，重要的是建立信任和安全的氛围，降低经常会出现的防备。无意识的过程和争议等还潜藏在桌下的话题只有在建立起信任之后才会浮现出来。在托马斯家族的案例中，这些争议包括：①马克好赌的习惯是在咨询匹配会中揭示出来的，莫特过去一直都给他借款；②高层雇员中的挫败感正在加强，他们感觉家族制造了一个"敌对的工作环境"；③哈利特则对父亲和兄弟可能毁掉企业的行为感到愤怒和害怕。除非我们能把这些问题提出来让大家都意识到，否则问题会一直被埋在下面得不到解决。防备的形式表现为否认、回避、压抑、替代、找替罪羊、投射，这些都被客户用来回避真实的问题。信任能够减少防备，所以，获得客户的信任在第一次会议中至关重要。顾问在一开始需要通过以下方法来建立客户的信任和安全感：①建立保守秘密的底线（除非得到同意，否则所有讨论的事情仅限于这个范围）；②明确行为规则（每个人都有机会表达意见）；③建立合作过程（我们要共同来解决问题）；④把客户的精力引导在问题上，而不是针对其他人（我需要知道问题，然后专注在解决方案上）。通过这些方法，顾问开始为家族建立一种新的沟通方式——更加开放和有效的方式。

因为顾问往往撕开了阻碍问题被抛出来讨论和拒绝外部帮助的"密封条"（乔诺威克，1984）。这个会议创造了一个机会，不仅为解决老的家庭冲突打开了口子，而且也能获得对每个家族成员以及他们各自家庭的最新感受。我们应该始终注意自己对这个系统的影响。事实上，当我们开始咨询后又看到家族企业中的变化（不管是朝着健康的方向还是朝着失调的方向）是很常见的情况。

在咨询匹配会中，顾问作为变革的推动者，应该阐明自己在变革过程中扮演的角色，包括：

教练。作为教练，顾问在工作中要教会客户用新的沟通方法、设定个人和职业目标、确定这些目标是否与家族企业的目标一致。一个教练还要提供领导力训练，协助解决存在的问题之间的关系，清楚地划定家族与企业的界限。教练过程还包括推荐其他的专业人士，比如治疗师、职业顾问或者财务顾问。

冲突管理者。扮演这个角色的顾问要和家族或者企业中很难与其他人共事或者因陷入冲突之中而阻碍了工作的一小群人打交道。其作用包括建立对话、解决冲突和增进沟通。

容纳者或者包容性环境。这是由研究母子纽带性质的温尼科特（1987）提出的概念。这种包容性环境为婴儿提供了安全与挑战、保护与脆弱的平衡。最终，孩子把这些要素内化，并且发展出坚定的自我意识。健康发展（包括成长、学习、工作和爱的能力）的关键是包容性环境的质量。为了提供这种环境，顾问能够容忍当系统发生变化时的不确定性和焦虑。

为变革存在的过渡对象。这个角色类似容纳者，要求顾问在变革过程中能够保持平静，能够管理自己的情感，同时鼓励、支持客户。这个角色还要求顾问要有能力区分与变化相关的正常焦虑和病态反应的信号。举例来说，在继任过程中，创始人的焦虑感不断加深是正常现象。但如果在此过程中有明确的信号表明继任的下一代没有能力接管企业，或者创始人继续积极介入业务、破坏继任过程，顾问必须就要超越过渡对象的角色范围，积极帮助企业找到解决办法。例如，顾问要评估继承人是否有能力、有意愿接管，或者帮助创始人放手前行。

老师。家族企业顾问在整个过程中都在教学。我们发现在第一次会议上，对家族企业独特性的简单教学模块，以及成功和失败的统计数据，有助于让家族看到他们并不像自己所担忧的那样不正常。三系统模型（图1.1）能够帮助家族成员看到他们所面临的情况的复杂性。我们经常会让家族成员在最能代表他们角色的一个圈或几个圈里打叉。教学与培训是整个咨询过程中不可分割的部分，内容涉及有效沟通问题、公平报酬、主持家族委员会会议来组建顾问委员会、解决非家族成员经理人的需求和担心。

提出尖锐问题。在咨询的早期，很重要的一点是确立你提出尖锐问题的角色（"为什么马克张口就能要到21 000美元?""哈利特对父亲和兄弟在企业里的表现如何看?""有人担心雇员会离职吗?""谁注意到了马克好赌?"）。顾问在一开始提出这些问题很重要，相当于提醒家族成员。这也是顾问工作的一部分。

一旦工作开始后，顾问在家族成员之间建立起了信任，设定好了互动的底线，就可以继续通过以下的方法帮助客户了：

（1）澄清式沟通。例如，每个人都会为自己辩护，要通过问"你怎么想的？你有何感受？以及你知道的事实是什么样的？"来辨别。顾问可能一开始需要重复问所听到的每个人的话。

（2）鼓励积极的问题解决方法。例如，如果出现异议，我们同意通过这种方法来解决。这种方法可能是投票，也可能是达成一致，也可能是听最有发言权的人的意见，或者其他方式。

（3）挑战家族看待问题的方式并提出解决方法。这些办法可能包括召开定期的家族委员会会议或者高管会议、学习如何有效地开会以及如何做出公平的决定。如果我们关注家族互动的过程和程序，我们希望他们能够开始解决自己的问题，创造解决问题的结构化方法。之后，我们在每个系统（家庭、所有权、企业）中建立和实施这些结构化方法和机制，提供方法和机制来规划、解决问题，管理冲突。结构化方法是咨询过程不可或缺的部分。例如，如果会议中发生冲突，但我们已经有了应对的机制。在这种情况下，我们就能管理冲突，避免转移大家对会议议程的注意。这些机制的建立可能包括线下的冲突管理教练，在顾问辅导下进行玻璃鱼缸对话，或者通过"会后再来解决"的劝告来停止冲突。这些体系性方法在所有权体系中可能包括外部董事会，在企业体系中则可能是对家族成员的绩效回顾和公平报酬。评估会决定需要何种结构化方法。

与托马斯家族的莫特、马克、史蒂夫和哈利特的两小时咨询匹配会的议程如下：

（1）会议导入和基本规则

（2）三系统模型

（3）问题描述

（4）咨询过程描述

（5）目标

（6）下一步计划

在咨询匹配会之中和之后，顾问应当回答以下问题：

（1）谁是客户？

（2）你和客户适合吗？你的技能能否适合客户的需要？是否需要其他人加入团队？

（3）你喜欢这个家族和它的成员吗？

（4）他们对自己的问题如何界定？

（5）是否有动力和承诺来改变？动力在哪里？

（6）谁最有权威？谁有正式的权力和非正式的权力？

（7）如何建立安全感（比如，"有人推荐你们来寻求这个帮助"）或者紧迫感（"如果不解决这些问题，事情只会变得更糟"）？

（8）客户是否理解咨询的合作性质？

客户必须意识到他们的参与是咨询过程中一个不可分割的部分。

回答了这些问题之后，如果你发现和客户非常匹配，就可以进入下一个阶段，撰写建议信或聘用信。如果你在回答这些问题上感觉不顺利，你可能需要收集更多的信息，甚至重新再开一次会以便更好地了解客户的需求和问题，以及对咨询介入的态度。如果你发现和客户不匹配，那就要么取消约定，要么推荐更合适的顾问给客户。

# 建议书/聘书/合同

建议书和聘书用来澄清顾问与客户之间的关系和合同性质，迫使顾问界定客户。这通常对于律师和家庭治疗师来说有难度。因为尽管他们为整个家族系统的利益工作，但可能仍需要确定一个单一个体作为客户。文中要概括将要履行的工作和顾问对客户的期望，还有将要花费的时间、费用、工作量、支付方式等。最后，建议书或聘书要明确谁来做双方的对接人（行政、日程、会议准备等）。示例 3.1 展示了一份典型的建议书/聘书。

### 示例 3.1　聘书样本

2002 年 10 月 4 日

莫特先生台鉴，

很高兴与您、哈利特、马克和史蒂夫面谈。这封信简要概括了我对您的需求的理解，以及对您想在家族企业内部解决的问题的建议。我发现这次会面很具有挑战性。借此机会慎重考虑后，我想简述一下为您定制的计划。建议咨询过程范围的目的是指导您家庭的决策，以及对未来家庭和企业的战略规划。在这份建议书中，当我提到所述的服务时，其客户是整个家族企业系统。这能让我代表企业和拥有这家企业的家庭的利益开展工作。

背景

您在四十五年前创办了闪耀珠宝，并和您的家人共同努力使企业成长到现在的规模。您目前寻求帮助的具体问题是：

（1）改善马克和史蒂夫之间的关系，从而使第二代家庭成员能够更有效地经营企业。

（2）与马克商议你们各自在企业中的角色。

（3）提升企业的职业化程度，让企业更像企业，家庭更像家庭。这包括但不限于：明确职位描述、招聘和解雇政策、薪酬与福利包、员工手册、高管/管理团队建设。

（4）制订一份包括遗产计划在内的继任计划，同时考虑到哈利特、马克和史蒂夫。

每一个家族企业都面临独特的挑战。只有三分之一的家族企业能够在第二代继续存续，能持续到第三代的家族企业不超过15%。在许多家族企业中，家族问题与业务决定之间相互影响。任何您所聘用的顾问需要同时受过相关的训练和具备与家族企业共事的经历。

为了解决上述问题，我认为把咨询过程分成几个阶段来看会更容易理解。我的建议如下：

第一阶段：评估、计划和设计

（1）单独访谈和企业实地考察。这包括与您、哈利特、马克、史蒂夫、主要顾问（会计、律师）、董事会成员和关键员工的一对一的访谈。这一步需要尽快完成。访谈之前，我希望能获得有关企业的材料，以便更好地对企业所处环境有全面的评估。这些材料包括企业历史简介、基本财务信息、任何过去的顾问建议和其他您认为相关的材料。再结合访谈，可以让我尽可能对公司有个完整的了解。

（2）反馈会议/行动规划。我会准备一份包括评估和建议的报告，用来解决家庭和企业都关心的问题，还会提供一个框架用来把业务正式化，以及对有效沟通、冲突管理、决策技术给出建议。我会在接下来的会议中用到这些指导原则。简报在只有家庭成员参加的会议中提出。如果合适，我会邀请人力资源总监马西亚·格林、律师戴维·理查德和会计师唐纳德·怀特利来提供他们的建议。在报告之后，我会引导家族成员对这些问题进行一次讨论，试着达成一些长期和短期行动的共识。很重要的一点是，这个解决问题的行动方案也是改善方案，因此，你们的输入和参与至关重要。

第二阶段：执行

这个阶段中，我会和家族一起继续执行在静修会中采纳的有目的的变革。但是，我想强调一点，对第一阶段的评估会决定第二阶段的工作开展方式。在执行过程中，我会发放教学和培训材料给你们。

第三阶段：后续评估

要确定一个可以顺利过渡的时间表比较难。通常情况下，我们发现在一年之内组织一次小组会议评估比较有效。根据您的情况，会议需要您和您的家人参加。这一部分工作会提供进一步关于整体目标的评估，以及巩固已经发生的积极变化。

费用和付款计划

该服务按××/小时收费（含其他费用）。我初步估计第一阶段的服务费用不会超过××。

我会提供时间和材料摘要，定期发给您账单，让您了解项目的费用情况。这是我估计的最好的情况，我会持续就时间表与您沟通。

尽管根据我的经验，后续阶段对确保家族和企业在一定时间段内发生积极变化很关键，但第一阶段以外的服务要根据您的需求来确定。这是客户与顾问合作的过程。在正式工作开展之前，您需要支付一笔预付款。如果您同意这个建议，请签字后回复邮件并支付××预付款。我相信时间和资源的付出对取得成功很重要。

请注意这份建议书包括一系列服务。我可以根据您的期望进行调整。建议工作内容涉及内容（决定什么）和过程（如何决定）。这两者以及家庭成员在变革过程中都很关键。我能理解您的焦虑，希望能够加快进程。但是，为了实现深度、持久的变化，我建议不要跳过任何一个必要的步骤。在过程早期的一些小的、有意义的变化会让我们稍微安心一点。我想我们的过程能够实现这一点。

我们鼓励您向前看、从过去总结，去思考什么对家族和企业最好，通过深思熟虑和战略眼光往前走。我希望能有机会与您和您的家人共事。

顺颂商祺！

---

## 评估与诊断

一旦客户同意聘用你做顾问，真正的工作就开始了。对家族企业系统做评估是有效诊断客户问题的第一步。评估包括以下几个目标：①为家庭和顾问提供一张路径图；②对情况做出一个完整、现实的了解；③给家庭和企业成员一个讲述的机会；④为家庭提供反馈做准备，列出优先要解决的问题；⑤评价任何客户陈述的问题与你发现的真实问题之间的区别；

⑥了解在几个系统边界上工作的状况;⑦评估顾问的参与对系统的影响;⑧确定家族能够在多大程度上有效地利用反馈;⑨界定任何特殊的问题,比如需要推荐给其他专家解决的瘾癖、个性、道德、法律和财务问题。

顾问应该要认识到评估本身就是一次重要的介入,因为它会影响正在研究的系统。比如,在简和企业中的两个二代家庭成员通过多次电话之后,最初联系她的这个大儿子打电话给她说:"前面的访谈让我们再次对话。我想我们能想出解决问题的办法。"简回答说这种情况很常见,在有些情况下,家庭自己能够看到和解决问题。但是,当家庭成员在解决问题过程中面临挑战的时候,以前的行为模式又会重现。她希望这家人可以自己解决这些问题,但是如果当事情卡住了需要外部帮助的时候,就给她电话。与这种情况相反的结果是,把系统的问题暴露出来也可能造成负面反应。一个家庭的成员就曾经对暴露的问题提出一连串争论:"有什么问题?"找到哪些工作可以帮助家庭、哪些工作会激怒家庭可以提供很多有助于评估的线索。

## 家系图

家系图是代际家庭治疗师开发和使用的有效工具,它用简洁有效的方式组织了大量的信息。麦克高德瑞克、格尔森和谢林伯格(1999)所著的《家系图:评估与干预》一书中提供了他们使用家系图去解释诸如肯尼迪、弗洛伊德、罗斯福家族故事的清晰、综合的讨论。家系图通常在评估阶段的早期制作,或者在咨询匹配会中与家族成员一起制作,这能使顾问理解和解释从一代到另一代之间问题的传递、应对技巧、优势和劣势。家系图有点儿像族谱,但又多了额外的符号来表示互动的关系。下面列举了可能在家系图中表达的各种信息。

## 家系图的解读

正方形代表男性，圆形代表女性。男性 = □，女性 = ○。

出生和死亡日期写在表示人的图标上。年龄写在方框或者圆圈里。去世的人就在图标中打一个叉。大约的生辰日期就用？或者 1898 or？1989 来表示。

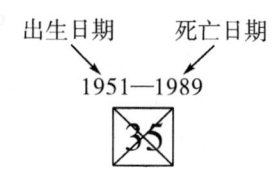

出生日期　死亡日期
1951—1989

夫妻用线连起来并在线上注明相关的日期。

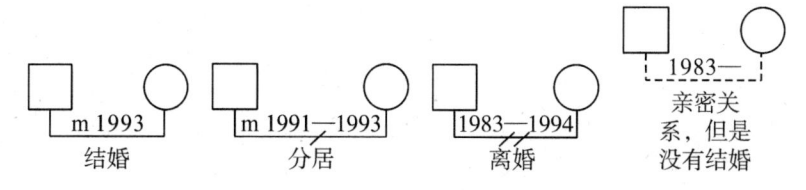

结婚　m 1993
分居　m 1991—1993
离婚　1983—1994
1983—　亲密关系，但是没有结婚

孩子按长幼顺序从左至右排列。

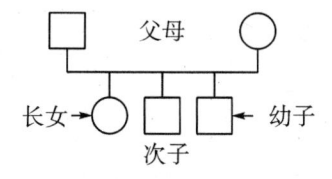

父母
长女　次子　幼子

示例

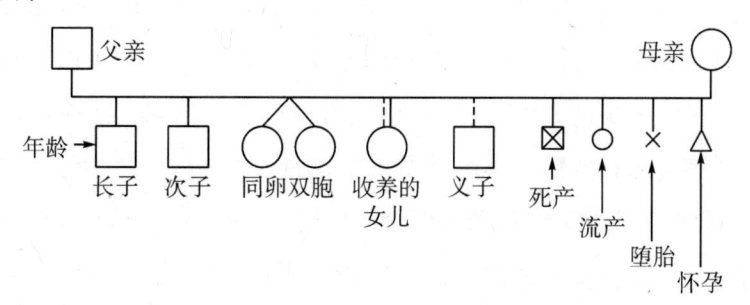

父亲　　　　　　　　　　　　母亲
年龄　长子　次子　同卵双胞　收养的女儿　义子　死产　流产　堕胎　怀孕

043

除了用线条表示亲属关系外，还可以用以下的线条来表示情感关系。

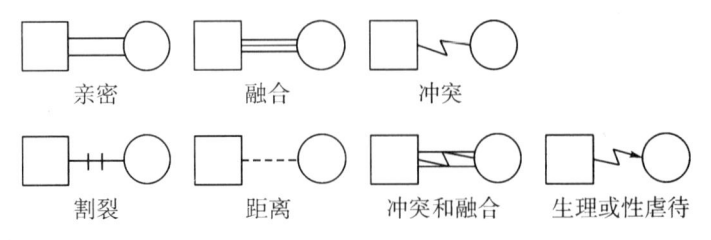

亲密　　融合　　冲突

割裂　　距离　　冲突和融合　　生理或性虐待

如果存在严重的精神或生理问题，就把图标的左半部分涂上颜色。

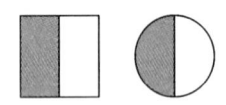

如果存在嗑药或者酗酒问题，则把图标的下半部分涂上颜色。

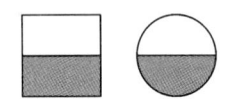

在真实的家系图中，实际的关系看上去是这样：

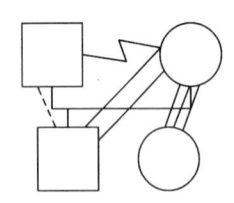

引自莫妮卡·麦克高德瑞克和兰迪·格尔森的《家族评估中的家系图》。W. W. Norton 和 Company, Inc 授权使用。

通过在家系图中加入企业历史，顾问就能够展示企业对家族的影响，反之亦然。企业中的家族成员用一种颜色表示，如果他们有所有权和管理权，则用另一种颜色表示。我们至少需要绘制三代的家庭结构和发展历程，突出强调具有关键意义的"节点"事件（生病、重要的人生变化、死亡、创业、重复的模式、家庭关系的转化）。我们经常发现节点事件会同时发生（比如，父母死亡之后不久开始创业，或者在需要特殊照顾的孩子出生后离婚）。

除了能展示一段时间范围内和跨代的行为模式外，家系图的功能还有评估、教育、预测和干预。通过它，家族开始理解自己，并且把行为放置到背景中去审视传统和历史。家系图还可以作为中和对某些负面行为的态度。比如，"爷爷的小家子气"就会被看成是在大萧条时期长大的结果。还有，家庭可能展现出一种面对压力和挑战的可预见的反应，这能够帮助家族对未来发展中的危机或者偶发的问题做好准备。当你与家庭成员一起制作和回顾家系图时，可以问一些有帮助的问题："你在哪里了解到这些情况的？""你最喜欢谁？""当她创办企业的时候，家里和外面的世界都发生了什么事情？""你对你祖父母的生活了解些什么？""你看到了企业家精神的哪种模式？"

总而言之，家系图说明了：

（1）家族重复发生的问题和解决办法；

（2）从他们的社会文化、历史、经济背景中看到家族行为；

（3）个人行为与多种因素相关：年龄、家庭地位、性别、生物遗传等；

（4）节点事件和家族对此的应对会在一段时间持续地影响家族，并且有可预测性；

（5）家族和企业在代与代之间相互交织。

图3.2是托马斯家族的家系图。

## 访谈

访谈对于理解家族企业的三个体系和回答由家系图引出的问题来说有非常宝贵的价值。我们可以通过查看个体在企业、所有权/治理和家庭中扮演的角色，来确定需要访谈的关键人物。这些人群和他们在不同系统的关系见图3.3。

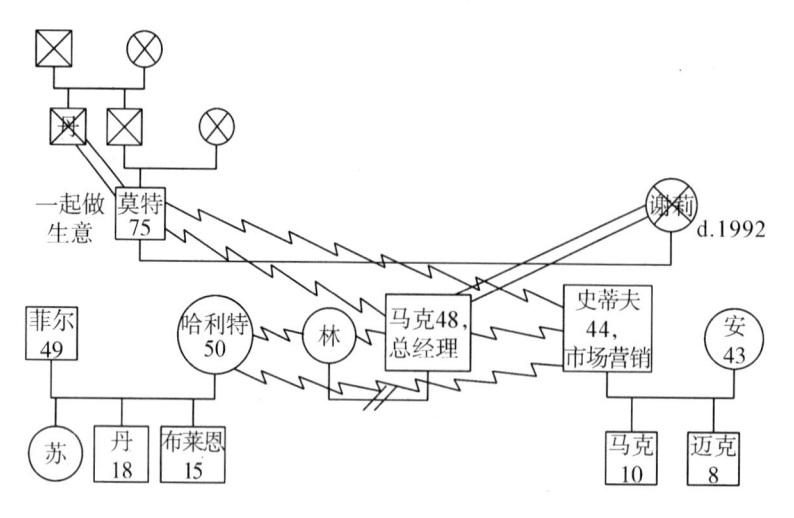

图 3.2 家系图的解读

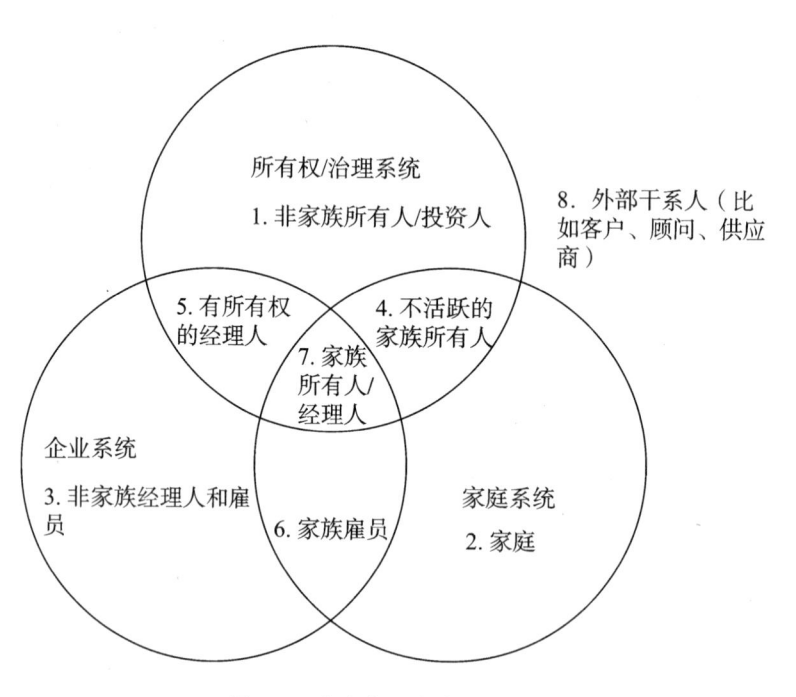

图 3.3 家族企业中访谈的对象

以下角色的人通常可以为顾问提供最有价值的信息：

（1）非家族所有人/投资人：不是家族成员或者参与业务的所有人；

（2）家族：没有所有权或者不在家族企业工作的家族成员；

（3）非家族经理人和雇员：在企业工作的非家族成员；

（4）不活跃的家族成员：有所有权但是不在企业工作的家族成员；

（5）有所有权的经理人：具有所有权并且活跃在企业中的非家族成员；

（6）家族雇员：没有所有权但活跃在企业中的家族成员；

（7）家族所有人/经理人：在企业工作的家族所有人；

（8）外部干系人：客户、供应商或者其他非家族成员，不是企业所有人的干系人，其他顾问、律师、会计师。

## 访谈的小建议

以下是我们在访谈过程中发现的有用的小提示：

（1）必要的时候访谈要匿名，但内容不用完全保密。主题、争论点、问题要以简要的形式组织，并在只有家族成员参加的会上陈述。因为家族里几乎没有多个"长子"，所以，这种情况下很难真正做到匿名。因此，被访谈者要意识到他们提供的信息很可能被其他人确定出来源。

（2）顾问应当鼓励受访者承认和分享信息。如果受访者不情愿由顾问在背后向其他家族成员报告问题，你可以允许受访者给出不被记录的信息。这些信息有助于你与家族开展工作，但是，除非受访者在公开场合提出了这个问题，否则不该由你去和其他家族成员沟通。在访谈之前有必要讨论保留秘密的问题。我们通常会清楚地表明，保留秘密对顾问没有帮助。如果家族成员有什么想给顾问说，他们要理解我们会一起决定这些事情是否被公开讨论，决定权是在他们自己手里。但是，帮助客户系统中的成员承认他们的感情、观点和信条对创造更公开、更有助于问题解决的气氛来说至关重要。

（3）从多个现实情况中描绘出整个系统的全景。

（4）理解表述出来的问题（马克和史蒂夫总是在争吵）和真正的问题（没有继任计划；儿子们得到的是混乱的信号；马克的赌瘾）之间的区别。

**收集哪些信息**

在第一章中，我们阐述了三个体系中每一个的不同面。在访谈过程中，顾问应该尝试去收集表3.2中所列的信息。

表 3.2　　　　　　　　　　　评估范围

| 家庭 | 企业/管理 | 所有权/治理 |
| --- | --- | --- |
| 角色和关系 | 使命 | 使命和目标 |
| 文化模式/价值观 | 战略 | 法律形式 |
| 制定决策 | 结构 | 所有权分配 |
| 沟通 | 技术 | 董事会 |
| 冲突管理 | 文化<br>体系（比如奖惩和信息体系）<br>流程（比如沟通和决策流程）<br>领导力<br>财务状况 | 领导力 |

**评估问题**

在访谈之前，我们通常会让受访者思考如下问题，帮助他们进入状态：

（1）你认为家族和企业的优势和劣势在哪里？

(2) 你认为自己当前和未来在家族和企业中会扮演什么样的角色？

(3) 你希望自己的角色是什么？

(4) 你个人的目标是什么？你对家族的目标是什么？你对企业的目标是什么？

(5) 如果你能改变家族企业中的三件事，你希望是哪三件？

(6) 曾经都尝试过哪些方法来解决家族企业的问题？

(7) 这些方法有效吗？为什么有效？为什么无效？

如果我们在访谈中加入了非家族成员，我们要把以上问题相应做些调整。示例3.2中展示了我们通常会问到的有关三个体系的问题。

## 示例3.2　访谈问题

家庭体系

角色与关系

(1) 家庭成员承担什么样的任务和扮演什么样的情感角色？

(2) 这些角色有灵活性吗？

(3) 家庭关系是合作、竞争还是敌对？

(4) 是否存在相互信任？

(5) 有没有家族规则、规范或者对行为的理解？

(6) 家族成员在公司以外的生活？兴趣爱好？

文化模式/价值观

(1) 家族和企业的核心价值观是什么？是否相互匹配？

(2) 家族文化是如何被学习和传授的？

(3) 这些价值观是如何在结构性方法的建立、资源、法律和财务决定中表达出来的?

(4) 如何对待不道德的行为?

(5) 家族的种族背景及其如何影响到家族和企业的风格与文化?

(6) 社区如何看待家族? 名声?

(7) 鼓励个人主义吗? 还是集体更加重要?

### 决策

(1) 怎么做决定?

(2) 是否开放沟通? 隐私是否在恰当的时候得到尊重?

(3) 无视或延迟艰难的决定?

(4) 如何保持结构性方法来鼓励开放和成就精神?

### 沟通与冲突管理

(1) 如何管理冲突?

(2) 有未决冲突的历史吗?

(3) 家族和企业如何应对不同的意见和风格?

(4) 是否有自信用安全、有效的方式处理分歧?

(5) 敏感问题是否能公开讨论?

(6) 既有讲述的人也有聆听的人?

(7) 父母是否给出混乱的信息?（我们希望你变成一个独立的人，但是不要承担责任）

### 企业体系

### 使命

(1) 家族的愿景是什么? 企业的使命是什么? 两者是否匹配?

(2) 家族和企业的领导人是否考虑其他的目标？

(3) 计划中是否考虑更大的背景？

(4) 愿景是否得到认同并且定期回顾？

(5) 家族成员和雇员是否知道使命？

(6) 在企业演进的过程中，家族有没有审视自己做的选择是否符合公司的使命和目标？

**战略**

(1) 管理和治理体系是否与企业的规模以及所面临的挑战相匹配？

(2) 这些体系是否建立在家族动态关系或者业务要求之上？

(3) 是否有关于薪酬、雇佣和辞退、职位说明、公平决策等方面清晰的政策？

(4) 是否举行定期的业务会议？

(5) 是否解决过继任问题，或者有过计划，或者理解这个问题？

(6) 权威如何形成、运用和转移？

(7) 是否合理地使用顾问？

**结构**

(1) 公司架构？

(2) 是否有组织结构图？采用的什么形式？

(3) 是否有人力资源体系？是否能支撑？

(4) 业务是否专业化？也就是说，是否有基础框架和流程能够确保一致性和公平性？

技术

（1）公司的技术是什么？

（2）是否更新并能达到完成工作的需要？

（3）衡量体系是什么？

文化

（1）家族的工作规范？

（2）是否存在代际间的分歧？如果有，分歧是什么？

（3）组织文化是什么？

（4）企业文化是否反映了家族的价值观？

体系

（1）奖励体系？

（2）绩效规范？

（3）家族成员和非家族成员的进入和推出策略和计划？

（4）基于功绩还是基于家庭地位的晋升？

流程（沟通、决策）

（1）如何做决策？

（2）开放及时的沟通？

（3）如何管理冲突？

（4）是否自信地认为分歧可以容忍，而且鼓励多元化？

领导力

（1）企业领导人是否胜任？

(2) 领导风格？

(3) 领导是否受尊重？

**财务**

(1) 公司的盈利如何？

(2) 最有价值的地方？

(3) 年销售？趋势？

(4) 资产负债表显示的情况？

(5) 家族和非家族经理人与雇员的薪酬福利包？

**公司治理体系**

**使命与目标**

(1) 使命？目标？

(2) 使命和目标是否得到所有者的认同，并且和家庭成员沟通过？

(3) 目标是否反映了家族的价值观？

(4) 所有权继任是如何规划的？是否与家族和企业未来的需要一致？

**法律形式**

(1) 法律架构？

(2) 下一代是否明白？

(3) 是否符合当前的业务或者未来的业务？

**所有权分配**

(1) 是否有所有权过渡的书面继任计划？

(2) 下一代是否知道和理解所有者的遗产计划？

董事会

(1) 是否有董事会？是否有效？是否只有家族成员？

(2) 是否有非家族成员构成外部董事会？

领导力

(1) 家族是否支持董事会的领导权？

(2) 领导是否有技能、受过训练、有经验胜任？

(3) 是否选对了人？

\* 有些问题是问受访者的，有些问题是问顾问自己的。

## 交互动态关系

尽管从对的人那里收集到信息确实有助于建立起整个家族企业系统的画面，但我们必须要能描述出其中起作用的关键动态关系。一些重要的动态关系包括：①边界功能；②平衡过程；③反馈回路。

## 边界功能

边界功能是指家族与企业、家族企业与顾问之间的联系和独立的能力。这不是阻碍，但是如同健康的细胞膜一样，是一种半渗透的状态，能控制物质的交换（能量、信息、情感、价值观）。通过这种受控制的交换，每一个系统都能够成长、变化、适应，或者反过来说，就是保持其各自的特性。严格的边界会切断联系，窒息这个系统。例如，不能聪明地利用资源和顾问，不会做市场研究，或者不知道最近信息的趋势。而另一个极端是，过渡地模糊边界而不能保持各自的特性，会使一个系统吞噬了另一个系统。比如，价值观不能指导愿景、没有战略规划、企业概念变得模糊等。理想的状态是独立与联系之间精妙的平衡。在这种平衡中，动态关系能够得到滋养。家族企业通常显示出模糊的边界。简在刚从事这项工作时遇到的一家企业就是一个极端的案例。父亲（也是这家企业的所有者）给他一个次女支付工资，只是为了让她在企业里面露个面，经常给她一些没意义的工作。他很担心这个女儿，认为她自己不能过好生活。他想确保这个女儿每天有个地方待着。所有人都知道并且厌恶这种情况。这就是他作为父亲的角色和作为老板的角色混淆在一起了（即便是作为父亲，他所扮演的角色也不适合一个二十三岁的女儿）。有人支持他辞退这个女儿，之后她被送去见职业顾问。父亲和女儿一起在顾问的帮助下重新定义了他们之间的关系，并且做了一个让女儿自己在四个月里完全退出企业的计划。另一个案例就是在第二章中提到的戴维斯家族。（在这个案例中，想想你会从哪里开始去建立企业与家庭之间的健康边界？）

经历了危机和变化，存活下来的系统倾向于暂时转向功能的极端状态。也就是说，这些家族要么变得"闭门不出"，把所有问题都包住；要么就恐慌地冒险找来许多顾问。哪怕可能只要有一点和过去不同，但只要他们重新调整和适应了，就能找回平衡。

家族企业顾问要明白这一点的重要性，因为我们经常被客户在经历了一场危机之后被叫去善后。通常当顾问在边界问题上提供咨询的时候，需要一些流程和程序去管理这些边界。这包括协商、妥协、观点交换、与家族和企业合作，以维持企业和家庭能够长期运转。很常见的是有人鼓励把企业和家庭这两类问题分开。这种做法不现实也不能有效利用能量。通过管理分歧和强化交流，这些联系可以经受不停变化的、激荡的世界并兴旺成长。

一些用来勾画不同系统之间边界的问题：

（1）你在家里讨论企业问题的频率？
（2）家族内部的分歧扩散到企业的频率？
（3）在有企业之前，家族内部的分歧是什么样的？
（4）你现在是作为母亲还是作为总裁在说话？
（5）家族与企业之间的边界是否受到尊重？
（6）家族成员是否清楚地知道他们在企业和家族中的角色？
（7）时间、空间、意见的边界是否受到尊重。

平衡过程。家族和企业之间权力和影响力的平衡有助于创造一种稳定和适应的氛围。就像太阳系中的行星，家族企业成员相互之间不停地发生联系，但是始终处在一种精妙的平衡中。如果这种平衡被打破，结果可能是场灾难。如果一个系统或者其他几个系统占据了支配地位，就会对整体功能产生影响。这可就是"处在压力下的系统通常开始占据主导地位"（麦克拉肯，2000），也可能是起支配作用的系统成长迅速，需要很多的时间和资源。无论这个系统是企业还是家族，它都会从其他系统中吸收能量。一个系统占了主导，另一个系统就会式微。正如第一章的案例1.3所说，这些家族都让企业控制了他们的生活；他们凭借对兄弟的忠诚过早做出了职业选择。如果家族的力量胜过了企业的力量（图3.4B），因为家族功能的失调、压力、剧变、危机或者没有管理压力的能力，企业可能就不能适应永在变化的市场，也不能鼓励创新和保持竞争地位。案例中的这些家族在工作场合上演情感大戏，这正是托马斯家族发生的情况。如果企业的力量胜过了家族的力量（见图3.4A），则家族的考虑就会排在企业目标之后。这些家族吃住都在企业，没有其他兴趣，所有的时间全在思考和解决有关企业的问题。功能性更好的系统不可能是一个过度强势的系统；

事实上，它可能是一个相对较弱的或者更易功能失调的系统，还要从其他系统吸收能量。

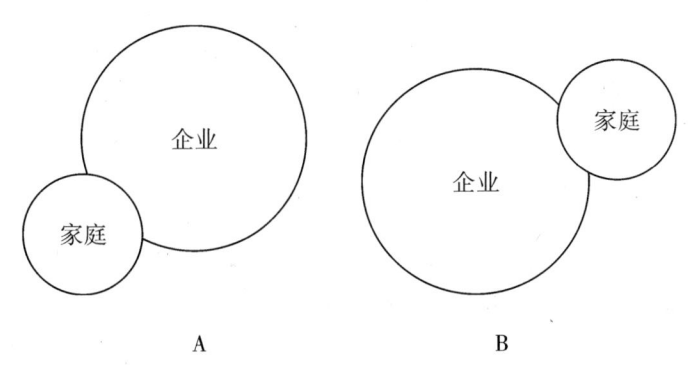

图 3.4　平衡

来源：改编自 K. 麦克拉肯（2002）的《家族企业客户：管理复杂性》。

## 判断平衡性的问题

（1）当前哪个系统居于支配地位？为什么？

（2）如果可以，能够做些什么来改变？

（3）需要发展哪个系统才能使家族企业整体保持平衡？

（4）哪些企业功能会被家族事务破坏？反之，哪些家族事务会被企业功能破坏？

反馈回路与过程设计。过程设计是一项通过系统性思考来绘制反馈回路和行为互动图技术（其中个人行为和反应不可避免地交织在一起）。确定这些事项对于理解问题延续的原因非常重要，可以帮助顾问避免受到指责，能够在边界上保持中立。我们可以观察一次会议，看两兄弟激动地争执，或者听到莫特抱怨他的儿子，但是我们并不知道是什么导致了冲突，问题是从哪里开始的，又是什么决定着互动的开始与结束。我们只能猜想和描述事件发生的先后顺序。关键的问题在于："现在正发生什么？""刚才发生了什么？""将来会发生什么？""问题是出在个人、家庭、企业，还是他们相互之间的反馈中？"这些观察能够使顾问思考一段时间、代与代之间，甚至整个生命中客户的行为模式。行为模式包括两个处在无尽循环中的行为。重要的是我们要看得长远一些并对老问题给出新的视角。在图3.5中，我们展示了莫特家族的行为反馈和强化回路（第二个回路类型，平衡展现出一个受规范的、没有升级的反馈系统）。

行为
马克和史蒂夫争斗是因为莫特对企业的介入

对行为的反应
因为儿子的争斗，莫特又不离开企业

**图3.5 强化回路**

画这样一个强化回路的过程如下：

（1）从一个行为或行动开始（马克和史蒂夫在关于莫特介入企业的问题上不停争斗）。

（2）插入对此行为的反应（因为莫特看见儿子们的争斗，所以没有离开公司）。

（3）再描述对上述反应重复出现的行为反应（马克和史蒂夫继续争斗）。

当然，你在画不同企业的行为模式时，可能会发现一些不同行为或者反应更复杂的强化回路。揭示这种强化行为和反应的"恶性循环"是理解家族企业问题、找出策略打破负面循环的关键。

以下是当时用来揭示托马斯家庭反馈回路的一些问题：

(1) 当莫特开始干预的时候，你（儿子）做了什么？

(2) 当莫特看见儿子们争斗，你认为他怎么想？

(3) 当马克找莫特要钱时，史蒂夫是怎么做的？

顾问应该找出以下问题的答案，把注意力集中在关键问题上，才能做到更成功的咨询。

## 评估过程中需要提出的问题

(1) 真正的问题是什么？很多时候，人们描述的问题都是表象。如果你只看症状而不揭示真正的问题，就是在浪费时间并且注定失败。就像医生不会只治疗皮疹，还会做一系列的检查来找出引发皮疹的原因。这正是在对家族企业系统进行诊断的过程中，对呈现出来的问题必须开展的工作。我们要跨过治疗表象，采取一系列步骤来揭示真正的问题。这包括兼听则明，把家族成员聚集起来，在一个安全的、有组织的、中立的氛围中共同讨论，以及对所有可能性保持开放态度。

(2) 问题存在多久了？问题会从三个方面展现：①老调重弹；②全新的问题；③旧瓶装新酒。如果这些症状持续了很长时间，则反映了系统中存在深层次的问题。这时候，家系图就会发挥作用。除非我们谨慎地考虑和解决引起问题的潜藏的模式和结构，否则表面症状就无法消除。如果这个症状是个新问题，存在的时间不长，那我们就首先解决它，因为它很容易被诊断，也有助于揭示其他更顽固的问题的来源。

(3) 这些问题与某些"遗留问题"有关吗？所有存在的系统，包括个人、家庭、企业，都会经历生命周期和危机。企业和家族的生命周期的每个阶段都有某些特定的任务；每次危机都需要沟通和有效的行动方案来帮助家族和企业成长进步。太多的情况是，所有的问题都是因为回避沟通和有助于进入下一阶段方案而产生的结果。一个系统中的每个变化都会对模式产生破坏。如果情感过程不能在这种破坏产生以前加以管理，负面影响可能就会在一段时间和几代人中存在。比如在托马斯的案例中，很重要的一点就是界定到底莫特的能力不足够管理企业这件事在多大程度跟他无法跨越失去谢莉的痛苦有关。

（4）改变的最大动力在哪里？动力意味着改变的可能性。动力如何呈现？长什么样？可能有许多形式——愤怒、兴奋、激情、痛苦或者几者的结合。动力在什么地方？可能在有权威的个人那里，正式或非正式的，也可能在一个下属那里，或者在家族企业系统成员中的一个联盟那里。如果动力在一个有正式权威的人那里，你取得成功的可能性就会极大增加。但是，通常情况下在继任问题上，改变的动力都在继承的一代中。理解整个系统的运转和善用杠杆的作用，能够帮助你和客户运用工具去创造对家族和企业积极的改变，从关键人物那里获得支持。

（5）问题服务于某个功能吗？如果回答"是"，那么这个问题服务于什么功能？问题通常在系统中扮演重要角色。经典的例子便是让一个人或者一群人做了"替罪羊"或者"落井下石者"。如果某人或某群人经常被指责，第一个要问的问题便是被指责的人是否该被指责。如果是，那就针对这个人展开工作；如果不是，那么就要对整个系统开展工作。然后我们要问的是，"如果把替罪羊开除了或者切断其与家族的联系，会发生什么事情？问题还会延续吗？"出现替罪羊的原因有很多，但是在家族企业系统中最常见的原因是未解决的冲突、工作上的回避、拒绝对重要问题做出决定。简言之，问题变成了"我们能够指责谁"而不是"我们如何解决问题"。问题本身可以变成强大的力量，在某些破坏性时刻会起到相当大的作用。所以，顾问要做好功课，如果在没有解决好潜在的结构下问题被移除，要做好附带问题出现的准备。

总而言之，问题通常没有得到应有的重视，而它们往往在家族或者工作中又扮演着重要角色，是获得解决方案的窗口。所以，在你急于解决问题之前，想一想这些重要的问题如何回答。

## 我们到达目的地了吗？

当我们思考为不同客户提供咨询时，简会想起她和丈夫一起旅行。她丈夫经常会放一个全球定位系统（GPS）在车里。这是现代科技的一个奇迹，GPS能够告诉他们正在前往何处，速度有多快，以及预计到达的时间。但它的局限在于，预计到达时间是根据在你看GPS的那个特定时间的时速计算的。因此，如果他们距离目的地有525千米，时速为105千米，则行程需要花费5个小时。但是，如果他们是在要临近一个收费站时候看的GPS，这时的时速只有16千米，那么行程要花费大约33小时。除此之外，GPS不会考虑绕路、恶劣天气和交通状况，或者其他无法预见的因素。

给家族企业提供咨询也是同样的情况，差不多75%的变革不会发生预计的效果（奥尔森和恩杨，2001），这往往是因为顾问没有对他们与客户之间迂回曲折的关系做好充分准备。这一点对于情感体系和工作体系都很强大的家族企业来说尤为重要。与客户的合作和不断的反馈过程都是咨询中的关键要素（博克，1994）。虽然我们的咨询框架是有序的，但客户的系统不是。改变通常不会按照整齐有序的步骤发生，而是以突然的、不可预见的方式发生。在咨询的初始阶段，我们必须预测咨询过程的长度和工作范围。不过，客户的情况无法预见，因为他们还在过时的角色当中，更可能做出不合常理、无意识的选择和决定。鉴于这些不确定性，我们需要根据客户的情况来设计我们的工作，根据揭示出来的问题来应对。成功的关键是要有灵活性。

到目前为止，我们已经讨论了如何与家族企业签订合同和如何评估家族企业三个系统的健康程度。接下来我们要进入咨询过程的下一个阶段。在第四章中，我们会讨论如何给客户反馈评估数据，如何使客户参与到变革规划过程中来。

# 第四章 咨询反馈与计划

进步的艺术就是在变化中保持有序，在有序中保持变化。

—— 阿弗列·诺斯·怀海德

> 案例 4.1

电话是路易斯·丘奇打来的，她是五十六岁的东南控股公司的总裁，她说希望顾问能够帮助她协商从五十八岁的哥哥吉拉德、六十岁的姐姐朱迪那里购买股权的事。路易斯是从一个曾经让简担任顾问的企业家朋友那里得到的电话。路易斯兄妹们开发和持有了多个商业写字楼和其他地产项目，包括东北地区某个大都市里的一个大型购物中心。公司的年总销售额大约为 2 500 万美元。找一个家庭顾问的主意听起来还不错，但是路易斯强调她不需要家庭治疗师——这仅仅是一次业务重组。她还说，她的丈夫山姆也介入了业务，可能会参与协商。路易斯还说："山姆的反应比我快。"她一直对与兄姐协商感到焦虑，因为兄姐两人都是快人快语，都把她当成是家里的孩子。让山姆参与进来对她来说很重要。于是简和路易斯、吉拉德、朱迪进行了一次匹配会。议程包括会议简介与基本规则、待讨论的问题与目标、咨询过程、共同工作的协议和下一步计划。

在签订了聘用书后，评估过程通过三个会议完成：路易斯和丈夫山姆，吉拉德和他妻子，最后是朱迪和她丈夫卡尔。吉拉德强调他想尽快完成这个交易。在与路易斯和山姆最初的会议上，我们了解到这家企业是由吉拉德在二十年前创办的（这是他的主意），但是，现任总裁路易斯在企业创办的第一年就加入了，并且提供了大部分的启动资金5.5万美元。尽管最初路易斯希望持有50%的股权，而让朱迪和吉拉德持有剩下的50%的股权，但目前的情况是吉拉德持40%，朱迪持20%，路易斯持40%。从那时起，路易斯放弃了成功的职业加入公司。而吉拉德之前则是换过几个工作。到第二年时，他们说服朱迪辞去地产公司的工作加入企业。在第一个会议中，路易斯和山姆用了大部分时间批评吉拉德，把他说成是空有想法的糟糕的经理，只管分任务，从来不跟进。但是他们也提到在工作之外，他们和三个儿子都与吉拉德夫妇和他们的五个孩子关系密切。

经过8年前一系列的财务危机，山姆被找来挽救这家企业。但是在那段时间，他被排挤在外，什么事情也不知道，而且吉拉德对他也不好。因此，山姆不信任吉拉德，担心会有诉讼，因为有些事情在吉拉德的监管下处理得很糟糕。吉拉德在六年前辞去总裁一职，山姆现在是首席运营官（COO）。路易斯和山姆都说，在吉拉德的不当管理下企业有许多历史问题。重复出现的主题就是吉拉德对路易斯和山姆不好，他们对此感到受伤和愤怒。他们都同意现在是时候购买吉拉德和朱迪的股权了。夫妇俩非常坚持地认为吉拉德要参与协商。

市场营销总监朱迪和业务会计师卡尔想要退出企业：他们到了退休年龄，想花更多时间与子女和孙儿们一起。他们厌烦了争吵，也担心潜在的法律诉讼。他们也说担心山姆继续管理企业的能力，因为他有酗酒的问题，而路易斯想让他待在公司的唯一原因是这样可以让他远离酗酒。卡尔说，业务下滑跟山姆酗酒有直接关系，但路易斯不这样认为。他俩既承认家族的亲密关系，也承认对山姆和路易斯的担忧。

吉拉德的妻子礼貌地拒绝出席任何会议。简与吉拉德的会议证实了他和山姆之间的相互怨恨。他说山姆很难相处："与他一起工作非常非常艰难。"他也知道山姆的酗酒问题,对此,他说:"越来越糟糕。"吉拉德只想与朱迪和路易斯协商,希望越快越好。我已经"把事情做得很出色了,一直以来为了企业做出了极大牺牲,我现在要退出了"。

### 留给顾问的问题

(1) 你会从哪里着手?
(2) 如何解释多个现实状况?
(3) 如何处理山姆酗酒的问题?
(4) 如何设计反馈会议?
(5) 如何预测家族成员的反应?

# 反馈与行动计划

**你只需要看着就能观察到许多。** ——悠季·贝拉

在本章中,我们会论及反馈和计划,还有如何整理我们收集到的信息,以及在与家族成员共同制订计划时如何最好地呈现与使用这些信息。我们所说的反馈与行动计划中有三个相互连接的步骤。第一,顾问必须要用一种有意义的方式去组织和反馈信息,因为信息能够促使变化(波萨,约翰逊,阿尔弗雷德,1998)。第二,顾问可能对客户所面临的问题给出建议,但是客户要能接受这些解决方案才行。因此,顾问和客户必须共同找到解决问题的办法,这样客户才能承诺去执行。最后,顾问和客户要一起做出详细的行动计划,执行大家共同认可的解决方案。表4.1列出了各阶段的目标、问题、期望的结果以及风险。

表 4.1　　　　　　　　行动研究模型的反馈阶段

| 阶段 | 目标 | 问题 | 期望的结果 | 风险 |
| --- | --- | --- | --- | --- |
| 反馈/行动计划 | 整理前一阶段收集的信息。组织一次能够达成共识、确定优先解决问题和计划的讨论会 | 反馈的最佳环境是什么？哪些人参加？信息以何种形式展现？家族成员对此会有何反应？顾问对他们的反应又如何应对？如何让被动的听变成主动计划 | 对将采取的行动达成共识 | 报告过于简单或者过于复杂。没有对家族可能的反应做好准备。目标上未能达成一致。没有用一种家族能够接受并且开始倾向于采取行动的方式反馈。不能有效地处理家族接受、否认、抵制、拒绝或者以上情况综合的反应 |

我们根据评估给出反馈，包括组织和呈现报告。如果做对了，反馈就能同时实现三件事：①传授知识和方法；②建立新的规则；③挑战以前的定义和尝试解决问题的方法。能否成功取决于几个因素：

（1）家族与顾问之间是否有契合度；

（2）顾问的能力；

（3）报告的质量；

（4）家族处理信息的能力。

在表 4.2 中，我们简要列出了和家族企业客户提供反馈相关的积极特征、期望的结果，以及存在的风险。

表 4.2　　　　　　　提供反馈的特征、结果、风险

| 因素 | 积极特征 | 期望的结果 | 风险 |
| --- | --- | --- | --- |
| 家族与顾问之间的契合度 | 双方的信任与尊重 | 相互之间积极的感觉会产生一种学习的氛围 | 缺乏信任和尊重导致不信任的气氛，以及家族听不进报告的内容，也不参与 |

表4.2（续）

| 因素 | 积极特征 | 期望的结果 | 风险 |
| --- | --- | --- | --- |
| 顾问的能力 | 顾问具有能解决当前问题和争议的恰当技能；擅长控制会议的内容和进程；能够聚焦在建立共识和解决方案上；对过程保持耐心；教授技能，比如决策、达成共识、优先排序；有问题领域的相关知识 | 家族愿意和顾问一起继续这个过程，能被调动起来着手解决争议 | 顾问的技能不够，不能或者不愿增加新的团队成员或专家 |
| 报告质量 | 报告的组织合情合理而且具有洞见、优势和劣势、全系统视角、教育和预示、各个问题分别呈现。报告清晰具体，有解决方案的建议 | 家族对问题的观点得到确认和放大，解决方案符合客户的风格和能力 | 报告没有明确和聚焦问题，也没有可能的解决方案。高估了家族理解问题的能力。报告没有根据家族的问题和能力情况制定 |
| 家族的能力 | 功能水平高，不防御；积极地解决问题和处理争议。能够作为一个团队工作；足够聪明，能理解报告内容 | 能听取积极的和负面的反馈，感谢顾问所做的工作 | 家族功能失调造成否认、防备、不同意顾问或者其他家族成员的意见 |

如果顾问能够对表4.2里的问题足够敏感，就能设计一个达到预期结果的会议。

## 组织反馈

家族可能知道问题所在，但是界定问题则比较麻烦。例如，路易斯希望得到帮助去购买股权和重组业务。她把问题界定为需要一个技术性解决方案。但真正的问题（过去的冲突，吉拉德作为总裁的糟糕绩效，缺少职位说明、政策和流程以及绩效评估，山姆的酗酒问题，还有潜在的诉讼）都是技术之外更深层次的问题。

顾问必须把客户提出的问题和在评估中确定的问题之间的空当连接起来。比如，路易斯想要的是与她哥哥和姐姐协商购买股权中的帮助。但如何连接客户提出的问题和潜在的真正问题却充满困难：怨恨、路易斯的否认、关于谁应该参加协商的反对意见，以及可能的报复。但是，和大多数家族企业一样，这个家族企业，也存在着强烈的正向情绪。吉拉德和朱迪都积极地想退出企业和结束争议。此外，潜在的诉讼威胁也能鼓励他们解决问题。这是一个胡萝卜加大棒似的组合，他们既想维系家族关系，又想用诉讼胁迫对方就范。这个组合就是促成问题解决的强有力的连接。

我们虽然要尊重客户描述的情况，但也要尊重顾问发现的事实。顾问必须用一种方式来呈现数据，让家族成员能够愿意听并且接受。格言"差异成就不同"用在这里再合适不过了。如果收集到的数据与家族的描述太相似，就不会留下深刻印象。因为他们会想，我要顾问来干嘛？

### 组织反馈的格式

一种推荐的组织反馈的格式是 SWOT 分析（优势、劣势、机会、威胁）。我们发现通过 PPT 反馈信息比单纯口头的反馈效果要好。把信息总结成为子弹符格式，顾问能够用它作为讨论的开始。以下是在东南控股公司案例中如何呈现数据的例子。

**示例 4.1　东南控股公司 SWOT 分析**

优势

（1）成功的业务

（2）好的资源

（3）对他人的关心

（4）共同的家族价值观

（5）希望看到其他人成功

(6) 人人都在出力帮助企业

**劣势**

(1) 非正式的人员准入政策、进入公司的人不可靠

(2) 家族成员之间的合同内容不清楚

(3) 家庭角色和企业角色模糊

(4) 沟通恶化

(5) 冲突升级

**机会**

(1) 扩张和重组的资源

(2) 发展和扩张的市场

(3) 社区里的良好声誉

(4) 重组为未来发展提供了可能性

**威胁**

(1) 冲突程度加剧

(2) 潜在的诉讼

(3) 没有花时间做一个好计划和进行重组

(4) 缺少决策流程

(5) 山姆的酗酒问题；路易斯否认的问题

---

另一个例子是给史密斯家族拥有和管理的企业提供的 SWOT 分析。这个家族相对来说比较健康，主要是希望顾问帮助处理继任问题。继任的一代都是二十来岁，他们的父母大约五十来岁。父母还没打算移交管理权但已经提前开始做计划。他们都曾经参加过家族企业研讨会，知道需要做什么以及有些事需要其他人帮助启动。他们的 SWOT 分析如下：

## 示例 4.2　史密斯家族企业的 SWOT 分析

优势

（1）成功的企业

（2）稳定、长期的婚姻

（3）亲密的家族关系

（4）有效地使用顾问

（5）生命阶段处在"协调同步时期"（in Synch）；继任计划的理想时间

（6）好的资源

（7）共享核心价值观

（8）共同的企业认同

（9）相互尊重

（10）有管理者的意识

劣势

（1）缺少计划：控股结构

（2）缺少计划：企业战略

（3）管理团队的成长停滞

（4）持股的第二代成员的职业决定

（5）个人目标的清晰表述被延迟

（6）外部人员参与移交的角色不清楚

（7）冲突管理策略不清楚

（8）提升边界清晰程度的需要：家庭与工作；责任范围；可靠性

（9）什么是业务？什么是家庭？

机会

（1）地产价值增长

（2）打开国外市场

（3）拓展郊区

（4）继任计划使得兄弟姐妹团队发展

（5）有足够的资源帮助企业成长

威胁

（1）管理分歧方面存在困难

（2）缺少针对管理团队的培训计划

（3）没有外部董事会

（4）继任的一代还没有做职业决定

（5）没有继任计划

（6）高管团队老龄化，没有替换方案

（7）公司的信息系统过时

---

另一个组织数据的方法是做"力场分析"。这个方法是由科特·列文（1951）开发的。该方法要求顾问为企业和家族建立一条"基线"。换句话说，"基线"是指企业和家族现在运转的情况和它们理想状态下运转的情况的关系。顾问概括出驱动家族和企业绩效达到某个程度的力量，然后描述那些限制和暗中破坏绩效的力量。家族随后开始找出去除限制性力量和增加驱动力量的方法。我们从琼斯家族企业的例子中能看到这个方法。

## 琼斯家族企业

目前的绩效水平。企业有合理的利润，但是没有达到家族的期望。从另一方面讲，琼斯家族冲突四起。父母已经年届七十，继承的下一代也到了五十岁，但还没有继任计划。除了父母，他们还有三个孩子在家族企业里工作。他们之前找过两个顾问，给出了技术性建议的指导书。这些材料就放在父亲的书架上，但冲突却变得更加糟糕。

理想的绩效水平。企业有清晰的使命和战略，收入和利润都在增长。家族和非家族雇员理解他们的角色。冲突能够被有效管理，合作水平很高，决策有效。

驱动力量：

（1）对企业的历史和传奇有自豪感

（2）家族企业工作勤勉

（3）共享核心价值观

（4）有管理者的意识

限制力量：

（1）长期反复的冲突

（2）缺少规划：企业战略

（3）缺少家族决策流程

（4）清晰的沟通：区分保密和隐私。如何使用信息？

（5）模糊的边界：家族与企业之间；责任范围；可靠；角色。什么是企业？什么是家庭？

（6）不能有效地使用顾问；用过两个顾问

（7）缺少对其他人在家族企业中的角色的辨别

（8）企业问题负面地影响家族关系和个人目标

## 呈现反馈

你无法预测反馈会议上呈现出的数据会带来什么样的后果，但是你应该有好的思路而且做好准备。同样，你需要估算在不需要教练和再学习的情况下，家族需要做多少工作。在准备呈现反馈时，问问自己以下问题：

(1) 家族的健康情况如何？

(2) 反馈可能有什么影响？

(3) 第一次会议上他们能完成多少内容？

(4) 数据能够推动家族行动还是造成他们否认和防御？

(5) 下一步怎么走？

反馈会议可能对不定期开会的家族来说是一个新事物。事实上，运转好的家族会议确实能够变成对"家族企业产生积极结果的基础"（哈勃松，阿斯特拉坎，1997）。每个联系应该针对弱项传授一个技能。例如，史密斯家族需要冲突管理技能，以及更清晰的边界。

我们通常在"家族企业静修会"（Family Business Retreat）上反馈数据。例如，在史密斯家族的案例中，静修会就计划了反馈、教育、个人分享和战略计划。这是一个决策制定、团队建设、教育和趣味性的组合。通常第一次静修会还包括更多的指导和对过程的关注。之后的静修会更多地聚焦在规划和决策制定上。很多内容都打包在史密斯家族三天的会议中，但是他们做好了工作的准备。示例4.3展示了这次静修会的日程。

**示例4.3　史密斯家族静修会日程**

第一天

下午4点—晚上7点

介绍，基本规则，3寸（1寸=3.3333厘米）×5寸卡片

SWOT反馈报告

健康家族企业迷你讲座

确定接下来两天的日程

晚上 7 点半—9 点

晚餐

晚上 9 点—9 点半

"由内而外"的冥想

第二天

上午 8 点半—10 点半

签到

介绍战略规划过程

(日程项目是基于 SWOT 分析中的弱项安排的)

介绍头脑风暴

上午 10 点半—10 点 45 分

休息

上午 10 点 45 分—12 点

沟通与冲突管理联系

迷你讲座：健康的冲突管理/稍复杂的冲突

讨论家族中各种类型的样本

介绍自主性沟通

中午 12 点—下午 1 点

鱼缸练习

从早上家族制作的清单中选取

下午 1 点—2 点

午餐

下午 2 点—3 点

"车轮"游戏

下午 3 点—3 点半

完成日程项目

下午 3 点半—3 点 45 分

休息

下午 3 点 45 分—5 点

思维导图

第三天

上午 8 点半—9 点

签到：大家怎么样？

9 点—10 点半

计划/议程项目

10 点半—10 点 45 分

休息

10 点 45 分—12 点半

制作行动计划

10 点半—下午 1 点

任务简报

正如之前提到的那样，琼斯家族冲突程度相当高，以至于如果会议时间超过半天，可能就会有崩盘的风险。静修会就是被设计来解决这些问题的，它可以提供一个可以讨论那些不能讨论的问题的安全空间，建立起一个民主的流程，而且看看有没有任何可以变化的现实希望。过程管理是需要的，我们要仔细计划这个半天的静修会的流程。在顾问看来，这段时间是家族成员可以在这点上都聚焦在一起的机会。示例 4.4 展示了琼斯家族的静修会议程。

**示例 4.4　琼斯家族静修会日程**

下午 4 点—8 点

介绍

基本规则

咨询的原因

尝试过的解决方案

每个家族成员对个人、家族和业务的目标和责任
（"我如何能够对现在的问题有所帮助……"）

问答时间

下一步计划

## 创造新的解决方案

"一个地处海边的日本村庄曾经遭受潮汐的波浪威胁，但是有一个农民在比村庄位置高的山上的农田里很早就看到了地平线远方的波涛。可他已经没有时间去通知村民了，于是点燃了农田，村民们蜂拥而上地去抢救庄稼，从而在洪水中生存了下来。"（德·沙泽尔，1991）

我们也面临这个农夫所面临的挑战——用新的视角来看待问题，用新的方法来帮助家族达到同样的效果。很重要的一点是找出家族已经尝试过的办法。因为"再多的同类方法"都不大会有效果了，所以，我们必须①试试新的方法；②改变以前尝试过的方法背后的环境因素；或者③从组织的不同层面介入。问题不大可能在意识的同一层面或者造成问题的想法层面被解决。这对于那些问题积累了几层，也多次下过决心解决问题的家族企业来说尤其如此。家族需要有人帮助来解开问题的结，然后再把它们像织挂毯一样编织在一起，使之变得有意义并最终解决问题。为了准备这个反馈，我们必须从另外的角度探视这个问题。这就是有时候所说的"水平思考"（斯隆，1994），可以通过挑战我们的假设和保持开放心态来实现。

例如，东南控股公司中的问题就包括：

(1) 重组所有权结构

(2) 业务不可靠

(3) 兄弟姐妹间的分歧

(4) 潜在的诉讼

(5) 山姆的酗酒

(6) 缺少决策制定的过程

为了解决他们的问题,简帮助他们从不同的逻辑层面重新建构了这些问题:

(1) 重组所有权结构——兄弟姐妹需要服务于业务联系来保存家族关系;

(2) 兄弟姐妹间的分歧——缺少流程、清晰的角色和职责,没有一致的决策制定过程;

(3) 山姆酗酒——由这个体系导致,分散了对其他更大的系统问题的注意力。

我们与其说教、威胁或者请求年迈的创始人辞去职位,为什么不重新定义问题,让他有时间去开始他想要的生活,鼓励他说清楚他在余生中的兴趣和目标?他可能需要得到家族和自己的鼓励或者允许才能去享受自己的时间,追求一直惦念的兴趣,或者加入退休高管俱乐部。我们曾经有一个客户是一名七十六岁的公司总裁,他本来可以退居二线而让儿子接任,但最后他的结论是他需要一个公司。他想知道是否能介绍一个新的窗口给他。虽然顾问通常不会"做媒",但也鼓励他加入其他活动,去结识新的朋友,找到生活中新的激情,或者培养新的爱好,如探险或者做一些志愿者工作。

**制订解决方案的小技巧**

（1）准确表达要解决的问题。

（2）找出已经尝试过哪些方案。

（3）不要给出已经尝试过的方案，帮助客户想出自己解决问题的办法。

（4）关注共同基础和未来，不要关注过去和分歧。

（5）帮助客户用新的方法看待以前的争议，这样他们能够找到自己的办法。

（6）做点不同的事情。跳出客户设定的限制条件，就好像顾问在山上点燃一把火，让看上去无法解决的问题能够解决。例如，路易斯强调这个问题就是简单的业务重组，并没有提到山姆酗酒。"在山上点一把火"是为了挽救家族的业务，意思就是很多问题要解决是为了能实现业务重组。比如，企业与家族目标，山姆的酗酒问题。这涉及挑战家族企业的基本假设。

（7）为协商设定基本规则。例如，在东南控股公司的案例里，这一点就包括谁要参加协商，协商会议的长短和频率，以及夫妻与律师的角色。从这种方式开始，山姆酗酒的问题，协商买入股权的问题，以及潜在诉讼的问题都可以在协商开始之前得以解决。三兄妹决定他们各自单独作为协商的一方；他们可以只和配偶与律师单独讨论细节。他们的目标就是拟定一份"谅解备忘录"，在达成一致后由律师来起草。在协商前的会议中，所有微妙复杂的问题都要提出来解决。顾问能给山姆适当的推荐，在与路易斯和山姆的单独会议之后，直接解决酗酒的问题。吉拉德和朱迪在顾问的支持和帮助下，在协商预备会与路易斯见了面。目的是能够在安全的会议氛围中听到兄弟的问题，开始处理这些问题，以便直接和用有帮助的方式面对山姆。

（8）界定在现实与理想状态之间的差距应该用什么来弥补。

# 提前规划：安排在反馈会议之后

在反馈会议之中和之后，非常重要的一点就是评估家族对反馈和可能的解决方案的反应。我们发现客户可能开放地接受反馈和顾问建议的解决方案，或者可能否认这些数据，与之抵制，或者完全拒绝。顾问如何应对客户的反应是能否成功进行咨询的关键。表4.3列出了应对不同反应的方法。

表4.3　　　　　　　　客户对反馈的反应以及顾问的应对

| 家族的反应 | 你如何应对 | 你要做什么 |
| --- | --- | --- |
| 接受 | 谨慎的乐观；要求他们采取行动 | 重申合同与行动的下一步；确保不要抓住客户的兴奋来加速开展工作 |
| 否认 | 理解这种处境和再现的否认是系统性的重复；分清是否认问题还是要采取行动 | 让家族成员告诉你他们对报告的真实理解；根据否认的地方，把合同上的步骤调整为最有效的工作；从那些不太否认问题的人入手，增强改变的推动力。直接与否认硬碰硬并不能消除问题，只会让否认更强烈 |
| 抵制 | 再次构筑抵制是家族保护自己的一种方式，不想太快有太多的变化，是一种很正常的反应 | 参照下合同，重新调整时间框架，让过程开展得慢一点。我们大多数人都要一点一点地接受信息，逐渐才能有一些大的动作 |
| 拒绝 | 尊重家族的处境；弄清楚家族是全体拒绝反馈还是只有一部分人否认。如果是全体，判断这种情况是暂时性的还是他们需要更多时间来决定。如果是一部分人拒绝，这些人有正式还是非正式的权力？谁做的决定？他们是拒绝采纳你的报告还是你这个人 | 如果只有少部分人拒绝你的反馈，看合同如何调整能够反映双方共同的目标。如果是所有人反对，那就看是什么原因，并且安排一次跟进的会议来回顾一下 |

通过预测不同客户对反馈的反应，顾问能够有所准备，用恰当的方法应对，并且继续推进工作开展。缺少这些准备，我们发现顾问可能因为不恰当的应对导致灾难和破坏整个咨询过程。

## 反馈会议的其他技巧

除了我们已经讲过的给出反馈和制订解决方案，我们发现以下技巧能够特别有效地帮助顾问开展一次能取得成果的反馈会议。

技巧一：家族的功能越失调，他们越听不进去反馈，但却更需要帮助。顾问需要放慢节奏，密切注意过程。例如，在麻烦不断的琼斯家族，当他们在变革过程中遭遇挑战，每个人都会在会议或报告开始之前把顾问拉到旁边说其他人有多差劲，如何的不配合，也不去做任何顾问建议的事情等。这种情况是可以预见的，因为直到他们每个人开始承担起自己在这个问题中的角色之前，他们会继续指责他人。他们不会问："我可以做点什么不同的事情？如何能够对解决问题有所帮助？"而是不停地问："我/我们/顾问怎么能让爸妈兄弟姐妹改变？"一次全体家族成员参加的会议可以用来解决这个问题，家族成员基本的角色会做些调整，包括：不要谈论他人，问题的解决会涉及你的角色和责任，以及你自己如何改变。一旦这成了沟通结构的一部分，每个人就开始为自己承担更多责任并停止争吵。这样，能量就能重新聚焦在可能的变化和解决办法上。

技巧二：不断地建立和传授文化变革的新规则和规范。例如，每次只有一个人发言；用第一人称来讲述；介绍事实和客观现实；学会妥协（见埃德加·沙因的《过程咨询》）。看上去简单的规则，像"不要打断他人""真正倾听别人说了什么""理解你的日程并且承认"，以及"向讲述者确认你听到的内容，不要一开始就跳到你的观点去"都可以引起家庭沟通方式和效果的重大变化，并且从长远来看会改善家族成员关系。

技巧三：仅仅只有洞察力改变不了行为，仅仅只有行为也不能产生洞察力。两者都需要才能改变。

技巧四：要确认家族是否真正理解了反馈，反馈过程也会带来反应。如果父母之一想要的只是听到对他们希望作为继任者的儿子的积极正面反馈，这一定会影响他们听到的内容。

技巧五：就算反馈信息的作用足够造成变化，它也不会按照你想象的方向发生。在一次会议中，顾问建议一个经常被兄弟批评的独女去要求自己得到尊重。结果她认为这个建议不仅是允许她获得尊重，而且还要从过去所受到的不公平对待那里获得不合理的赔偿。例如，她可能要求把现在的薪水加倍，这已经超过了她现在所能得到的了。

技巧六：邀请其他家族顾问（比如律师或会计师）参加反馈静修会，给家族成员提出建议，但这需要你提前和其他顾问讨论过反馈和要在会上给出的建议。这要在静修会之前进行，以便把之后的时间留给家族。在这一点上，如果还有顾问委员会，他们就不要参与。这是一个危机时刻，对家族来说比较脆弱，所以外部人员数量要有所限制。如果顾问认为他们的反馈有价值，可以把他们放在访谈和评估过程中。

技巧七：顾问和家族要寻找共同基础。在会议中的冲突可能归为背景不同，但是可以在之后来解决（"父亲和女儿可以在现在和下次会议之前来讨论这个问题；他们可以向我们反馈他们决定要怎么来做"）。

技巧八：明确介入冲突的意愿，说明这并没有害处，令人恐惧或者不能解决（我们经常附带解决冲突，或者和更大的团队一起解决。比如，在与有冲突的兄弟姐妹一起工作的过程中解决冲突）。

技巧九：在过程中作为顾问，你对客户反应的应对非常关键。你的客户可能正经历强烈的情绪，你可能看到愤怒或者哭泣。你必须准备好在情绪主导的氛围中工作，不要被情绪爆发吓到。

技巧十：你应该不断增加你的技能和能力，知道发生了什么，以及在哪里能够获得帮助。例如，参加与你的核心专业或其他相关专业的课程、工作坊和研讨会。如果你是法律顾问，参加一些家庭关系和团队建设的工作坊。如果你是家庭关系专家或者组织发展顾问，参加一些税法或者薪酬福利方面的工作坊。

技巧十一：从听取反馈到做出计划的过渡要在反馈会议进行到大约三分之二的时候开始，这样家族可以达成具体行动计划。在进入讨论行动计划之前，你需要回顾和实践任何需要的技巧和技术（比如，如何达成共识、自主性沟通、如何做决策等）。咨询的反馈过程应该能够帮助：①建立对问题的共同理解；②在家族成员中建立对采取下一步行动的共同信心。最后，由家族来制作将要开展的工作清单。

> 改变和向更好的方向改变是两回事。　　——德国谚语

## 在反馈会议中一定会造成困境的方式

（1）关注过去；

（2）关注负面的、有分歧的地方，而不是积极的、达成共识的地方；

（3）把你的价值观和目标强加在过程之中；

（4）忽视过程，只重内容，不能确定分歧所在；

（5）忽视那些没讨论的问题；

（6）不给每个人说话和被聆听的机会，不使用你作为顾问的权力去允许所有人输入信息的机会；

（7）强推一个方案，而不是创造一个鼓励安全、创造性和承受风险的环境；

(8) 混淆中立态度与不给反馈、建议；

(9) 被强烈的情感关系左右；

(10) 混淆噪音和信号；

(11) 忽视了行为和沟通模式；

(12) 混淆无关联的事情和模式；

(13) 不清楚你的角色和与客户之间的契约。

# 处理冲突

前面我们提到，大多数家族企业中的难题都和冲突有关，这通常表现为沟通和行为问题。为了节省客户的时间、金钱和精力，很重要的一点是顾问要知道简单冲突与复杂冲突的不同，帮助客户准备时间、精力和资源来解决冲突。简单冲突不会与家族的情感历史牵绊，通常能够用常理纠正来解决。复杂冲突通常由简单冲突开始，但是不幸地被不当地处理、否认、忽视或者误解，慢慢变成一个在家族和企业中长期、反复的问题，直到家族问题和企业问题以一种无效的方式纠缠在一起。正如东南控股公司的案例一样，路易斯和吉拉德没能把他们负面的、个人的情绪放在企业之外。简单冲突就是那些尽管曾经展现出来，但没有影响到企业决策，而企业的两难处境也没有和家族关系扯在一起的冲突。

一些复杂问题必须由有能力的顾问或者家庭治疗师，而不是组织发展顾问或者其他专业的人来解决。许多家族企业至少会表现出一个复杂问题，通常在第一次通电话时就能确定，之后通过家系图能更完整地暴露出来。表4.4简单概括了简单冲突和复杂冲突的区别。

表 4.4　　　　　　　　　简单冲突与复杂冲突

| 冲突类型 | 表现/症状 | 干预 |
| --- | --- | --- |
| 简单 | 当下的问题<br>关注解决办法<br>没有防御<br>引入解决办法<br>字面意思就能理解<br>能够使用信息<br>理性思考 | 线性、同理心<br>基于教育/内容<br>洞察力<br>信息<br>事实<br>数据<br>劝导<br>建议<br>警示情绪上的大波动 |
| 复杂 | 过去的事情<br>关注问题<br>防御性<br>循环往复的争吵<br>不能使用信息<br>不理性的思考 | 非线性；不同干预层面<br>重构问题，重新定义问题<br>基于经验/过程<br>展望、比喻<br>问题<br>关注积极的一面<br>耐心和角色<br>"点一把火" |

家族要学的不是如何避免冲突，而是如何在冲突还比较简单的时候解决掉冲突。顾问需要知道这种区别。

家族企业是制造复杂冲突的沃土，这些冲突能够破坏企业决策与运营。矛盾的地方是，家族成员在工作和玩耍中关系越近，每个成员更能感到自主性和独立性的牵引。冲突实际上是一种管理过于亲密的方式（莱纳，1990）。另一个解决过度亲密无间的方法就是"假和谐"或者"假亲密"。这种情况下，家族不太表现出冲突。在这些案例中，顾问的目标就是让这些问题浮出水面并且解决它们。

每个在一起工作和生活的家庭都会偶尔感受到这一点："你一天当中与同样的人在一起待多少个小时？"这种自然而然的独立性拉力通常都会

表现为意见分歧，有时候是愤怒，甚至是疏远。例如，一个在家族企业中长大的孩子可能离家很远，因为想要与家族撇开关系。（所以很重要的是在访谈过程中和适当的会议中纳入所有家族成员，尽管他们可能离得比较远。对更长的计划会议、静修会和顾问会议来说尤其如此。这些都可以借助免提电话和电话会议等技术实现）

解决家族生活中冲突的好处如下：

（1）让家族成员之间保持能接受的距离/亲密度，帮助家族保持价值观和目标的制衡。例如，一个青春期的孩子与父母的斗争的过程其实是一个孩子变得有自己的观点、梦想和目标的过程。

（2）意见的分歧在任何家庭中都是健康和必要的；当我们鼓励这种意见分歧的存在时，它们能够创造丰富的多元性。

（3）建立自信，尤其是继承的一代，尽管与父母一起工作，但他们需要从父母那里感受到独立。意见分歧应该得到鼓励，而且事实上意见分歧对创造性解决问题很有必要。如果所有人都同意，解决问题可能没有效率而且缺乏创造力。

（4）提升在工作和家庭中的亲密关系；解决并成功管理冲突能够在家庭成员之间产生更强的纽带。分歧不意味着拒绝或否认，而是能够带来更强的家庭关系和企业规划。

## 简单冲突与复杂冲突：辨别两者差异的线索

吉拉德和路易斯的争吵一定会牵扯出陈年往事：路易斯在一开始怎么把钱转进公司，吉拉德如何盯着公司的事情，路易斯从孩提时候开始就怎样的难以相处。每个人都在指责其他人过去犯的错："你总是漠不关心。""你一直都嫉妒我反应比你快。"（当你听到诸如"总是""从不"之类的词时，你肯定身处复杂冲突之中了）。因为，简单冲突关注的是此时此刻。

复杂冲突关注问题和指责。一次争吵会勾起双方其他没解决的冲突。毫无希望的是，他们只能想起共同的问题所在。就像路易斯所说，每次她和吉拉德开始讨论，每个人都只能记起以前那些无用的、不能解决问题的时刻："总是导致争斗。"（当你们所有人都认为"这样解决不了问题"时，你们就处在复杂冲突之中了）相反，简单问题关注解决问题："我们能想出什么方法使得股权购买可以对我们每一个人和企业最好？"

路易斯、朱迪和吉拉德相互之间心存芥蒂。当我们感到危险、不自在、困难或感到脆弱时，通常会产生防备心理。当复杂冲突扎根到家族关系之中时，没有解决的问题会引发防御机制，阻碍真实的、诚恳的信息交换。在这一点上，防御机制，例如回避、否认、攻击、讽刺或者暗中伤人会阻碍解决问题和做出正确决定的道路。路易斯和吉拉德一直身着盔甲，拒绝相互倾听，他们发难指责，然后撤退（当愤怒在升级而沉默不止时，你就处在复杂冲突之中）。在简单冲突中，每一方都在听对方所说，而且决策过程朝着得出结论方向发展。

冲突是人们对日常工作和生活中的变化和压力的正常反应。企业中家庭的目标不是根除冲突，而是学会当冲突在每天的经历中产生时如何解决。通过学习如何在早期解决冲突，家族企业体系就能变得更加有效，而且可以花更少的时间争吵，而用更多的时间来享受与其他人相处的日子，以及管理企业。

在本章中，我们已经尝试概括如何呈现反馈给客户，如何得出解决方案，以及如何制订行动计划。咨询过程的这个阶段中固有的就是不可避免的冲突。顾问必须学会区分简单冲突和复杂冲突，然后创造信任和开放的气氛，让这些冲突浮现和得到管理。要做到这一点并不容易，但是它是实现成功咨询介入的要素。接下来在第五章中我们要讨论干预阶段。尽管这些步骤被描述为非连续的阶段，但与客户的合作过程绝不是线性的。反馈阶段包括了干预，而干预工作也涉及一系列的反馈与计划。第五章是以冲突解决、计划、顾问在变革过程中的角色为基础展开的。

在示例4.5中，我们列举了几个练习，可能对顾问帮助家族提升沟通、问题解决的技能和冲突管理的技能有用。

## 示例4.5　静修会练习

这些示例和练习要针对各个家庭的情况量身定制，以适合他们的技能水平和功能水平。

**基本原则**

顾问要为每个家庭制定基本原则。顾问要给出建议，家族以此为基础增减。可能的规则如下：

（1）在这个房间里所说的就限于这几个人知道，除非有其他的决定。

（2）积极倾听。如果过程中卡住了，看看你是否能重复其他人所说的内容，或者可以通过提问来理解你错过的内容。

（3）把家族和企业的目标放在首要考虑的位置上。不断地问自己："什么对家族和企业来说是最好的选择？"这不是说你就不考虑自己的感受。实际上，你可以把自己的感受当作有价值的资源。

（4）一次只有一个人说。每个人都会有机会说。

（5）保持开放的心态。记住，"屁股决定脑袋"。

（6）用第一人称表述。不要指责和攻击；就说你怎么感觉的或者你怎么想的。

（7）理解边界。意识到并清楚你戴的哪顶帽子。家族企业的成员通常戴着不同的帽子。今天,任何一次表达时先说你戴的哪顶帽子:是兄弟、父亲、总裁、儿子、女儿还是其他什么?

3寸×5寸的卡片活动

你的包里有3寸×5寸的小卡片,在一面写下你的家庭角色,在另一面写下你的企业或所有者角色。当你参与讨论时,你当时是基于哪种角色在表达,就把卡片翻到那个角色。(有个顾问说,他把新年晚会的帽子带去,而且为每个角色做了卡片,当客户的角色发生转变的时候,他就要求他们把对应的帽子戴上)

设定议程

根据SWOT报告,顾问推动一个讨论来确定工作的优先顺序。顾问提问:"什么决定和计划必须现在做而不能再等?"然后在白板上列一个重要问题清单。这些项目是来自于SWOT分析中的劣势和威胁。大家通过达成共识,有时候也通过投票来确定白板上所列问题在接下来的工作和计划中的优先顺序。

"由内而外"的冥想

大家用冥想来结束一天的工作,之后不会再有讨论,以此来实现"蔡戈尼效应"[①]。顾问可以用以下的说明来引导冥想:

---

① 当一天结束而任务还在进行中,完成未尽事宜的需求依然存在。柏林大学的科特·刘易斯的学生勃鲁姆·蔡戈尼在20世纪90年代证明了这个观点。刘易斯是个天才,能够从每天的事件中构建理论。他留意到自己最喜欢的一家咖啡店里的侍应生如何把所有的任务装在脑子里的,不管有多少客人,不管他们吃什么,或者坐得有多远,侍应生都能记住。但是,一旦客人结账后,他立马忘掉这些点餐。通过一系列实验,蔡戈尼指出,我们会建立一个能量存储,能量在任务完成过程中不断释放。通过在两个晚上打断任务,我们能保持学习的活力,而且第二天早上也能更快回忆。这种现象被称为"蔡戈尼效应"(维斯博德和亚诺夫,2000)。

绝大多数成功的计划和决定都从内心开始，来自于你个人的价值观、自我意识和内心中感到重要的东西。向内寻找和理解是什么给你生命力和能量？什么对你来说很重要？什么又是你最看重的东西？你想成就什么？你上一次感到最投入、最有活力的工作经历是什么时候？你怎么才能重新找到这种感觉？你想留下什么遗产？你想被人们怎样记住？现在想想这周末你想贡献什么？你在与家族和企业的相处方式上想改变些什么？你想从其他人那里学到什么？在静修会结束时，你想家族收获什么？你想自己收获什么？现在，我们不做进一步讨论，把这些思绪留给自己，然后为了明天的工作好好休息。带着这些问题去睡觉！

**战略计划过程**

（1）做一个有关战略计划的小讲座，包括几个要点：你做了哪些事情，而不是你想过要做哪些事情。

（2）基于定性数据和价值观（参考前一晚的冥想），自己四个问题：

我们现在在哪儿？

市场有哪些变化，哪些没有变？

我们要去哪儿？

我们如何能到达那里？

（3）计划过程：

澄清使命

确定关键问题和趋势

设定目标

确定并写下三个W：要做什么？谁来做？什么时候完成？

执行

设定评估时间

头脑风暴

当需要创造性解决方案，或者问题比较复杂，或者参与者太快地跳到答案或解决方法上去的时候，我们就需要这个技术。这也是事情陷入困境的时候，一个有趣的休息。头脑风暴依照以下的指导来开展：

(1) 告诉参与者他们要对一个问题提出可能的解决方案。

(2) 给他们 10 分钟。

(3) 不允许批评。

(4) 能定量最好。

(5) 想法越离谱越好，找到暂时最好的想法。

(6) 鼓励在其他人的观点上搭便车，这也被称为"借道"。

如果在一开始想法就不荒谬，那么就没什么希望了。

—— 阿尔伯特·爱因斯坦

自主性沟通（区别三者的不同：自主性、消极性或者侵略性）

自主性语气：

(1) 观点、感受、想法以一种直接的、不会疏远他人的方式表达

(2) 平静、清晰的语言

(3) 尊重分歧

(4) 用第一人称清楚表达

消极性语气：

(1) 部分表达或有所保留地表达观点、感受和想法

(2) 委婉和间接的方式

(3) 话里有话

(4) 对自己说出的需求和想法表达歉意

侵略性语气：

(1) 真诚地表达观点、感受和想法，但是不考虑他人的感受

(2) 直接、大声地表达

(3) 用嘲讽、威胁、贴标签、手指着对方、指责等方式表达

(4) 攻击他人的观点和感受

鱼缸练习

顾问找两个自愿者，他们之间有未解决的简单冲突。（顾问要用评估中的信息来选择，确保这两个自愿者之间的分歧有解决的可能！）然后，要求他们描述冲突/分歧。在其他人观察的同时，两名自愿者尝试达成一个协商的解决办法。他们可以要求其他人给予帮助和指导，花点时间来做头脑风暴，尝试用自主性而不是消极的和侵略性的表述方法。顾问用这种方式来教会每个人如何达成解决方案，如何处理在这一刻没法解决的问题，比如需要更多的数据或其他意见，或者决策的时机还不成熟。

车轮练习[1]

这是对《第五项修炼》中的"多视角"的改编版本。这个方法最初是用来拓宽团队的观点，对家庭成员欣赏其他人的观点和辨别自己在冲突中潜在的角色也很有用。

第一步

做一个直径2.5米的圆盘（干净的比萨盒子就可以）。

---

[1] "车轮练习"出自皮特·M. 森吉、夏洛特·罗伯茨等人所著的《第五项修炼》。版权归属于皮特·M. 森吉、夏洛特·罗伯茨、理查德·R. 罗斯、布莱恩·J. 史密斯和阿特·克莱纳。经 Doubleday of Random House 许可后使用。

第二步

把轮子像比萨那样分成几块，在其中一块上，每个人根据自己的理解在名字前面写下自己的头衔。如果你要问一个广泛的描述（"家族的强项是……"）或者对问题的解决办法（"哈利特是这样看问题的……"），提前决定用哪一块。比如，莫特的名字靠近销售副总裁（家庭和企业）或者靠近哈利特的名字（所有者、家庭、非企业成员），并且完成这样一个句子："从我作为销售副总裁的角度，我看到的问题是……"或者"从哈利特的角度，我认为问题的解决办法是……"。在白板纸上记录下所有的评论，就好像你处在那个人的名牌上。

第三步

你很快就能获得体现每个人观点的描述。你可以做一个整体的讨论，也可以从不同视角出发解决问题。这个练习会挑战每个家族成员对其他人的假设，激发解决问题的创造性思路。

**思维导图**

这个练习是对未来寻找会议（维斯博德，詹诺夫，2000）的思维导图技术的改编。

第一步

让每个人都到一张贴在墙上的6×12的屠夫纸前来，这张纸的正中央画了一个圆。你告诉参与者："我们想画出对你们家族企业有影响的所有外部和内部的变化。这是一个互动的过程，想法和连接越多越好。"

第二步

每个被叫到的人都要说出一个趋势。比如，"对更好和更快的服务的要求越来越多""纽约地区的销售减少""家族越来越大"，或者"对环境意识的需求越来越大"。每个趋势都要写在从圆的中心发出来的一条线上。画完线后，看看哪些有联系，然后把相关的问题分成一组。如果有相反的趋势（比如增加冲突和减少冲突），两种观点都被允许。对每个趋势，都要求给出一个例子以便理解持该观点的人的想法。

第三步

顾问给每个人5~7个彩色图钉，由干系人的组来选择图钉颜色。这个可以根据他们在家族企业系统中的位置来选择（比如所有的企业所有者都用蓝色图钉），或者根据他们在家庭中的位置和角色来选择（所有小孩儿都用绿色图钉）。有些人可能有多个不同角色。每个人都把图钉钉在自己认为最重要的趋势上面。他们可以把7个都放在一个趋势上，或者4个在一个趋势上，3个在其他趋势上。随便放。

第四步

家庭成员讨论他们观察到的情况，然后给出自己的解释。

第五步

家庭成员在此之后或第二天早上紧接着讨论行动计划。

# 第五章　对家族企业的干预

盛开吧，该死的，盛开吧！

——W. C. 菲尔兹对他栽种的总不开花的玫瑰丛写的一条笔记。

在本章中，我们将提供思考如何干预的框架，还有一些可以添加到你的工具箱中的建议和提示，以便增加你的本领，准备好应对不可预知的情况，而且避免照本宣科和打包的设计。正如比利·雪莉黛所说："我不能站着用同样的方式唱同一首歌……这不是音乐，这是密集队形操练，是一场练习，但就是不是音乐。"我们想和客户一起制作音乐，创作一种"愉快的声音"，为了达到这个效果，需要创造力、关心和自我管理。客户系统要从你提供的那些有用的消息、设计和信息中选择。为了这一点，我们必须既知道什么对他们来说有意义，也需要给他们提供足够的看起来有用的东西。在本章中，我们还会讨论有计划的、经过慎重考虑的可以带来变化的尝试。这些变化还可能影响无意识的过程。但是，真正的变化通常既无法预测也无法设计。

为了开始讨论如何成功地对家族企业实施干预，简的一次咨询干预可以帮助说明在计划变革时遇到的一些问题。当她参加一个关于家族企业传承的早餐会时，简挨着一位五十来岁名叫凯瑟琳·格雷的女士。这位女士告诉简她自己关于女性能继承父辈的企业的想法。当她开始告诉简有关她家族企业的事情时，讨论变得很活跃。几天后，简收到凯瑟琳打来的电话，凯瑟琳想请简去见见她的父母和两个兄弟，"看能不能帮助我们走出困境。"

在匹配会上，简了解到大约在六十五年前，凯瑟琳的外祖父金·凯利和他的兄弟鲍勃·凯利创建了这家汽车零售企业凯利汽车。叔叔已经去世了，没有留下后人，所以企业就传承给了金。最终，凯瑟琳的母亲安和父亲乔也加入企业，并在金年老的时候接管了企业。金在1970年的时候去世，企业的所有权和管理权就转交给了安和乔。

安和乔都快八十岁了，还把部分时间用在企业管理上。他们每人每年拿一万美元的薪水，热爱工作，生活简朴，开销也不大。十二年前，凯瑟琳辞去银行经理的职位，回到家来帮助打理企业。父亲给了她总裁的头衔，每个人都认为她会成为企业的继承人。她两个年轻的兄弟也参与了进来。四十九岁的小乔是销售经理，四十五岁的丹负责维修店。两个人都没有经营企业的兴趣，但是都希望保持企业的所有权。两个兄弟都已结婚并各自有两个十来岁的小孩。凯瑟琳没有孩子，而且与她住在州外的丈夫迈克"友好分居"。企业里没有其他的姻亲了，尽管小乔的大女儿辛迪在夏天时到办公室工作，说她想毕业后在这里工作。她现在是州内一所学校的大二学生。

在匹配会上，这个家族提出了如下问题：①父母持有公司所有股份，他们唯一的遗产计划就是正在写一份遗嘱；②谁来做决定一直都令人困扰；③"我们需要建立一套企业和家族之间沟通的方法"。凯瑟琳和她的兄弟都认为安和乔在没有咨询家族成员，甚至在他们不知情的情况下做了一些鲁莽的决定。他们也不知道企业现在面临的问题。最近的一个决定是出售一块凯瑟琳原本打算用来扩张零售店的地产。她为此做了很多研究，并认为这块地可以让企业更能被客户看到，也可以增加销售。

尽管在这个小的农业社区中没有太多竞争，但简还是感到惊讶：企业在这种情况下居然可以持续这么久。不过，这个社区正在发展变化，其他的汽车零售商在逼近这个区域。第一次会后凯瑟琳发来一封邮件，写道："我在这次会上呼吸到了些新鲜空气。"

简同意和凯利一家合作。在评估阶段的个人访谈中，凯瑟琳爆料说她曾经是一个躁郁症患者，需要通过药物来控制自己。这个病是家族遗传的，她的外祖母也有，她认为丹可能也患有这种病，尽管他不承认。这是凯瑟琳决定不要小孩的原因。另一个由安和乔提到的问题是销售在下滑的现实。在得知这些信息并取得家族同意后，简和企业的会计师菲尔和律师南希做了一次沟通。在取得家族的同意后，他们认为让企业的其他顾问尽早参与这个过程很重要，他们应该被加入到最初的访谈过程中，并且在这一点上，需要家族决定是否让他们参加任何的家族会议。在一些案例中，还需要有治疗师的参与。这样做的原因就是他们手里有很多家族需要听取的信息；他们是解决方案的一部分，需要知道这些情况；他们与家族成员之间有长期的、类似家庭成员的关系；而且他们的参与会"约束"这个过程（更多有关顾问团队的内容见第八章）。如果有证据显示顾问不胜任工作、经验不足或者顾问本身就是问题，情况可能会更糟糕。顾问在访谈中必须对此很敏感，而且要决定如何处理这些问题。顾问在这个案例中可以做几件事情：教育家族成员以便他们自己可以找到解决方案，或者引入外部的专家。我们的经验是，在面对复杂的家族情况下，顾问会欢迎其他的帮助。每一个情况都必须得到关注和敏感的处理。

在凯利汽车案例中，两个顾问都被警示了当前亏损的财务状况。一些工作已经很快得到开展，他们很担心顾问忽视了这些警示。而且除了凯瑟琳外，他们希望顾问处理所有的法律和财务细节。当简问凯瑟琳为什么没有在第一次会议上提到这些问题，她说"她没有想到问题这么糟糕"，而且她"不想让家族有不必要的担心"。她开玩笑说："所有的企业都有潮涨潮落的时候，就像她自己一样。"

在干预家族企业之前，简认为她要回答几个问题：

（1）任何干预的聚焦点在哪里？——企业，家族还是所有权系统？

（2）应该从财务状况开始吗？哪些技术性问题我需要处理，比如销售下降、竞争上升还是零售方向的战略计划？

（3）对财务出现问题的否认该怎么处理？

（4）需要在相关问题上给家族提供教育吗？

（5）应该从家族成员之间的沟通问题着手吗？

（6）是否要让他们坐下来了解事情有多糟糕？

（7）我要介入多私人的问题才能促成改变？

（8）凯瑟琳的病多大程度上影响她的判断？

（9）如果可能，有什么可以帮助她的病情？

顾问在采取行动之前，需要回答这样几类问题。在本章中，我们会探讨如何回答这些问题，以便选择恰当的干预策略。

## 对家族企业的干预

从字面上来看，干预的意思就是"走进去"。这就是执行阶段要做的事情，也是科特·列文的"解冻、行动/变化、重新冻结"三阶段模型中的"行动和变化"阶段。打个比方说，这就像是我们在客户人生阶段中的其中一段上车，然后在终点之前下车。在和客户一起的旅程中，我们对有关火车（变革过程）的速度、方向和目的地问题都需要仔细地思考。我们也想强调反反复复的变革努力。在我们与客户的互动中，随着我们学习和传授新的解决方案，一些模式浮现出来。[我们可以从生命科学和组织变革中了解更多内容，参见奥尔森和恩杨《促使组织变革》（2001）]

作为顾问，不管我们做什么或者高效与否，家族企业都会在我们介入之后变得跟以前不一样了。它们可能变得更好，也可能变得更糟。但是能确定的是，它们一定变得不一样了。我们的出现改变了环境。就像任何进化过程，环境的改变，不管有多小，都会导致种群性质的变化。比如，我们的一个同事开发出一个软件，用来分析和管理家族企业的"有形和无形财产"。他发现，完成一个有深度的问卷调查是一种有力的干预。这一点并不让我们感到意外。同样的，我们在介入之后也会变得不同。问问你自己："每一次对客户的干预你都学到了什么？""每次干预之后我们变得怎样不同？""如果还没有改变我的想法和工作方式，这是为什么？""客户发生了怎样的变化？"

## 行动研究模式的执行阶段

一旦我们理解了客户问题的本质，而且有很好的理论做武装，我们就可以采取行动，选择合适的干预策略帮助客户解决问题。表5.1概括了目标、问题、期望的结果、风险和与咨询执行阶段有关的问题。

表5.1　　　　　　　　行动研究模式的执行阶段

| 目标 | 问题 | 期望的结果 | 风险/潜在问题 |
| --- | --- | --- | --- |
| 帮助客户系统有效管理变革过程 | 根据收集的数据和顾问与客户之间的相互反馈，最有效的干预是什么？变革过程中最可能出现的反应是什么？需要什么层次的干预？变革过程的焦点是什么？什么类型的变革才能达到双方认可的目标？对特定的家族企业最恰当的多学科团队是怎样的？抵制可能是什么样？顾问如何应对这种抵制？（有关干预的持续提问会为下一步要采取的行动提供答案） | 在反馈会议中达成双方认可的目标 | 结果通常不可预见。不具备灵活性，对着家族企业照本宣科。没有在几个系统之间找到平衡，任由事情发展。同样的信息、过程和行动对不同客户产生的结果不同。自身能力有限。把家族达成目标的能力看得过度简单或者不够简单。对家族的反应没有做好应对准备。没有用一种家族能够完成的方式引入干预。对家族的接受、抵制、拒绝、联合等行为没有做出有效回应。没有对变革开始后的连锁反应或者社会增效做好准备 |

根据我们的经验，执行阶段的成功与以下因素相关：①客户带来了什么；②顾问带来了什么；③客户与顾客在咨询介入的目标上达成一致的程度。

### 客户带来什么

我们发现如果客户的家庭运转不错，没有防御心理，而且有解决问题的动力，那么，相比那些经历严重问题，伴随着否认、防御、与顾问有分歧或者家庭成员相互之间存在分歧的家庭来说，更容易成功。一些客户也可能缺乏资源、耐心或者勇气在做出必要变革的路上走得更远。那些希望为自己和企业创造新的未来，开放、乐观、也有精力和资源来做出必要变革的家族是最成功的。因此，顾问在做完初步评估之后，可能会发现家族还没有做好变革的准备，那就可以停止干预，或者帮助家族做出必要的承诺和取得必要的技能来管理变革过程。

### 顾问带来什么

不仅仅是家族需要为变革做准备，顾问同样要为此准备。正如我们之前提到的，顾问要具备契合客户问题的恰当的技能组合（更多内容参见第七章）。根据我们的经验，顾问如果没有解决特定客户问题的适当技能，也不愿意让其他专业人士来提供帮助的话，就是在犯玩忽职守的错误，还会给客户造成伤害。顾问还有可能错误地估计了客户对变革的准备程度，因此过快或过慢地推动客户行动。一些客户可能需要更多的安排才能管理变革过程，但是其他一些客户可能愿意面对更多的不确定性。因此，顾问必须有技能和洞察力来满足每个客户独特的需求和特点。我们还发现，顾问如果能教会客户新的技能，能够与他们分享新的运作方法就更容易成功。传授和塑造新的行为通常对处于不良运营模式中的家庭来说极为重要。有效的顾问比较耐心，可以预判帮助客户需要的时间和精力。无效的顾问通常低估所需的时间和精力，因此不能通过整合所需的资源来取得成功。在和家族企业共同工作的过程中，我们发现非常重要的一点是要把客户当成人和家庭成员来关心，我们也会成为客户恐惧、希望和梦想的一部分。这让我们有机会能够深入地观察客户，建立起超越商业世界里典型的客户与顾问关系的情感和社会联系。最后，如果顾问有能力和客户协同工作，创造性地解决问题，那就是最成功的顾问。家族企业面临的问题通常在一开始看上去难以应付。但是，凭借创造性思考和与家族的合作，顾问通常能够帮助家族，使他们想出应对即使是最困难问题的解决办法。

## 对变革过程的目标达成一致的程度

作为一个成功的顾问，我们要考虑的最后一个因素是顾问和客户之间对变革目标的一致程度。双方之间必须有高度的相互信任和尊重，而且必须对咨询目标达成一致。顾问与客户共同设定行动目标很重要。那些倾向于做过多承诺、把自己的目标和价值观强加给客户、不能让客户参与进变革过程中来的顾问注定要失败。顾问与客户之间的信任是关键。因此，顾问必须要履行他们的承诺，而客户也必须这样做。在许多方面，这一点就跟客户要按时向顾问付款，以及顾问要按时交付咨询成果一样重要。缺乏相互的信任和尊重，以及愿意和对方合作的态度，咨询就会失败。

## 变革系统

变革系统包括了客户和顾问（格林，1988）以及他们之间的反馈系统，也就是相互影响过程与交互反应。变化不会呈直线型而是无规则地发生。真实状况存在于顾问和客户在问题逐步展现出来时，双方对这些事件的反应之中。有些人主张保持"稳定状态"或者"平衡"是咨询的目标。

但是，博克（1994）提到，顾问通常"过分强调客户要达成稳定状态和平衡"。人生的真谛本就是变化。我们需要转换思维：真实的世界很少是稳定状态。家族企业有各种变量，很难长时间保持静止来达到稳定状态。"生活的姿势就是飞翔。从看似平静的一段距离……然而，一点点靠近，轻快地掠过这边那边，就好似在向世界展示，在这一刻一直准备着朝着一千个方向中的任意一个起飞。"（维纳，1995）。事实上，我们作为变革推动者的工作就是：①挑战现状；②传授和塑造能够帮助客户处理生活不断变化这一性质的行为；③帮助客户把变化看作一种适应和生存的正常的、必要的情况。

通常都是在混乱的边缘才会出现创造性。在现代意义下，混乱不等于无规则，而是处在规则与不规则之间精致的平衡，是一种充满动力的张力。一个系统的框架可以帮助我们接受坚持与变化之间张力的挑战。凯利家族正因为他们的财务状况、凯瑟琳的健康问题，以及杂乱的沟通接近了混乱。但是他们互相关心并忠诚于其他人，在社区里有好的家族名声，而且有才干的员工让他们渡过难关取得成功。整个沉睡中的农村小镇正在变成一个大都市的居住社区。外部的变化带来了机遇和威胁，而他们存活的关键是适应这种变化，重组并利用好家族企业体系中强项的能力。

## 需要的变革类型

因为变革通常是干预的目标，我们需要清楚地知道所需的、可能的变革类型。变革类型主要有两种：渐进变革和根本变革。

## 渐进变革或者第一阶变革

贝克哈德在《变革本质》（贝克哈德，普理查德，1992）中论述了渐进变革；家庭治疗师则把它称为"第一阶变革"或者在系统内、遵循现有规则发生的变化。第一阶变革是演进和持续的，可能包括：

（1）对工作角色或家族参与的重新调整。以凯利家族为例来说，就是每个人都讨论他们可以做些什么来创造更开放的沟通。

（2）做一个精致的调整或者调整提升业务的程序，但是不对其做根本性改变。凯利家族可以全体努力工作，增加销售，把展厅做得更现代化。

## 根本性变革或者第二阶变革

根本性变革或第二阶变革涉及对系统规则的改变，最后导致系统本身的改变。因此，这种类型的变革是革命性的、不能持续的，它包括：

（1）对组织文化、愿景和战略的重大改变。以凯利家族为例，这可能就意味着开设新的门店、改变现有的愿景和公司产品。

（2）对公司家族运作方式的重大调整。这可能包括为继任和管理建立新的体系、出售公司或者将公司拆分成由各个兄弟姐妹管理的独立的公司。

对顾问来说，很重要的一点是区分所需的变革类型。渐进式或者第一阶变革要求的时间和工作较少，一般来说也不会引起强烈的抵制。相反，第二阶变革通常会有客户重大的范式转换。他们会被要求以非常不同的方式思考、感受和行动。这种变革可能需要很多时间和精力——甚至可能因为客户的特点不能发生。选择所需的变革类型，顾问必须知道他们要达成必要的变革到底要介入多深。

## 关于深度

罗杰·哈里森（1970）在《选择组织干预深度》一文中提到"一个用来思考家族企业干预的有用框架"。表5.2是对哈里森框架的改写，概括了对家族企业系统干预的可能性，以及对凯利汽车的应用。

表 5.2　　　　　　　　　　　　　　干预层次

| 层次 | 任务 | 干预/例子 | 凯利汽车 |
|---|---|---|---|
| T-1 | 企业、所有权的分析和提升运营；在企业和家族中的角色与功能；销售；法律主体；所有权结构；战略计划 | 设计任务中的角色和角色关系、资源、企业运营；评估企业要如何做以及环境压力；评估顾问委员会和董事会的功能 | 谁做什么事？工作描述；谁做哪些决定？财务构想；战略规划。法律、税务、父母遗产计划的财务构想；建立外部委员会；战略规划 |
| T-2 | 为执行所作的个人要求和安排：个人能够也可能达成的工作；工作描述；评估 | 对员工的选择、任用和评估，包括家族与非家族员工；通过奖惩实现对绩效的影响；对非家族成员的薪酬福利包 | 任用最好的人；薪酬福利；培训员工；招聘和辞退政策；员工手册；岗位的招聘计划 |
| T/E-3 | 工作关系分析：个人如何感知他们的角色，他们看重的和贬低的是什么；整合继任计划 | 让个人作为工作的开展者或者功能的执行者，而不是陷于关系：给家族做导师方案；家族成员的薪酬福利；基于价值观的战略计划 | 家族的长期战略计划以及对企业的参与；家族的导师计划、奖励体系；对未来角色的开放讨论。组建外部委员会。发展家族成员的技能。促成家族会议 |
| E-4 | 人际关系：关注感受和态度，个体对其他人的感受；兄弟姐妹之间的关系；父母；家族互动关系 | 关注组织之间、组织与个人之间、个人与个人之间的人际关系、接受、拒绝、信任和怀疑的本质；努力创造开放气氛，帮助个人实现人与人之间的互相理解；兄弟姐妹的团队建设、冲突；家族沟通与历史。体验式活动；沟通联系 | 兄弟姐妹的团队建设；家族沟通；团队动力；三角关系、替罪羊；家族角色与企业角色之间的边界。家族和企业的价值观和使命 |
| E-5 | 个体的分析：个人深层次的态度、价值观、感受；聚焦在提升个人可以理解意识和能应对的经验方面；个人感知、自尊；瘾癖 | 干预可能包括非语言和非人际间的战略。治疗：个人、夫妻、婚姻。领导力和高管教练；教育/行为治疗；身份问题 | 凯瑟琳扮演好自己角色的能力；丹对疾病的否认；教练兄弟姐妹进入高管团队；父母放手和为下一阶段计划的能力 |

T=技术层面　E=情感层面

根据哈里森框架改编。

选择合适的干预方法背后的假设包括：

各个层面都需要特定的技能和能力。比如，律师可能需要处理公司的法律结构重组或者继任计划的法律问题。会计师可能要处理股权购买的税务和财务细节。组织发展专家要能够配合兄弟姐妹的团队建设和为家族制定合理公平的薪酬福利。训练有素的治疗师则需要解决干预中的个人内心沟通问题。

技术性和情感性问题存在于再强化圈里。技术方面的提升，比如清晰的角色和角色关系、良好的遗产计划制订、公平的薪酬福利包，这些都能够促进更健康的情感关系，反过来支持企业和创造性的计划。

层面越低，问题越隐蔽和私密，接触和改变的困难和风险更大。虽然说第二阶段的变化只是更低干预层次的结果听起来比较有吸引力，但是并不是所有情况都这样。大事件可能只有小影响，而小事件可能有大意义。输入不一定和输出成比例，特别是在家族企业这种有太多变量的情境里。所以，我们需要有敏感性、有策略地对待或小或大的干预。例如，在一次家族静修会中，一名会计师不是顾问团队的成员但是与父母有深交，他问了一个表面上看着很简单问题：有关家族里一名三十岁的孩子，提到他对未来的计划。这个儿子患有临床抑郁症，所以不能想象他的未来，他哭着离开了房间。他的反应和父母的反应改变了最初有关继任计划的咨询路线。这个简单的事件有着重要的作用。对这些事情的误解可能会导致影响深远的变化、连锁反应和把小事搞大。（这个偶然事件也可能说明多学科团队的挑战：形成好的合作关系，注意在这个静修会中谁做了什么很重要）

财产和负债一直处在从有形的（T-1）到无形的（E-5）的连续过程中。我们可能只用有形的、看得到的、客观的方式干预；连结的模式、指导的价值观以及持续存在的剧本都不能有意识、有计划地设计。但是任何层面上的变化可能都同时是有形和无形的、能看得见或看不见的。比如，凯利家族财务愿景的改变（第一层次）可能对家族成员的安全感有很大的影响。在凯瑟琳或者其他家族成员中的第五层次（最私密和不可见的层次）的变化，可能对公司运营和财务愿景有重大影响。尽管是私密和个人的干预，领导力教练则可能对整个公司有影响。

家族企业具备有影响力的、强烈的感情因素，需要有能够抵达这些情感更深的干预。比如凯瑟琳的兄弟对她进入企业后就成为总裁怎么看？兄弟姐妹们有没有能力胜任这些工作？父母对把企业传承给下一代的希望和担忧是什么？什么阻碍了这个过程？在第一层面的干预（运营、业务和所有权的分析和发展）或者第二层面的干预（评估个人绩效以及为执行设计结构）是不够的。只有当顾问敢于走到第三个层面（对企业和家族的价值观与角色开展分析）和第四层面（人际关系）时，才能够上升到运营，处理公司低绩效的问题。

层面越深，信息越难获取。要获得这些信息需要受过行为训练的专家的特殊技能。这需要时间、承诺和同意。尽管凯利家族看上去对他们在沟通和决策上的问题持有开放的态度，但我们需要更深层次地去挖掘到底是什么阻碍了他们做出变化，尽管他们知道需要变化才能生存。还有一点很重要，就是理解否认的程度。这可能是健康的，也可能是不健康的否认。健康的否认是指继续希望和想象事情会变得更好，同时继续做可以让情况变得更好的必要的事情。比如，癌症病人相信自己会变好，但是继续接受必要的化疗、放射或者手术。凯利汽车不想接受财务问题的现状，但是在做其他所有他们认为可以改善的事情。不健康的否认是指继续相信事情可以变好，但拒绝所有机会，不接受必要的治疗或者做需要做的事情。比如，凯利汽车不仅否认财务问题，而且不做任何提升现状的事情。

低层次的收获在非家族企业中可能不会发生转移，但在家族企业中更容易发生转移。情感和个人影响在家族企业中更大，特别是在处理有关所有人和高层管理者的问题的时候。

哈里森（1970）在文章中提到的指导原则同样适用于家族企业。因此，顾问应该：

（1）"干预的层面不应该超过能够对当前问题带来持久解决方案的程度。"

（2）"干预的层面不应该超过客户当前能够对解决问题承诺的精力和资源的程度。"

在评估阶段对财务的提问仅仅是故事的一部分；你还需要知道家族里谁有精力、意愿和权力来做出必要的改变。凯利家族可能都说他们想改变家族沟通的方式或者企业运营的方式，但是可能没有钱、时间、精力坚持去改变。对此，我们可能还要做到：

（1）干预不要超过你的能力和受训范围；

（2）干预也不要超过最初合同约定的范围，除非取得客户同意。

为了处理凯利家族对财务问题的否认，简不得不取得他们的同意才能把这个问题纳入议程。没有客户的许可，他们的抵制会压倒这个过程。

要记住技术性干预会在情感层面产生回应。在成人发展中，精通工作对自尊很重要。我们如何看待自己不仅会影响我们与他人合作的能力，而且会影响我们理解和尊重他人观点的能力。技术性干预的成功程度往往取决于情感领域所发生的事情以及变革系统（客户+顾问）对此的反应。根据经验，我们发现另外两个很有帮助的方面：

（1）如果聚焦在技术问题上没有得到反馈，可能就是时候需要进入到情感层面了，假定客户和顾问都对此有准备。比如，在第四章的琼斯家族案例中，之前的顾问只关注了技术层面（第一层次和第二层次），最后只是留下了技术解决方案的计划和笔记。

（2）不要一开始就进入情感层面，但是要为此做好准备。当他们之间建立起了信任关系之后，家族企业可能会邀请顾问进入这个层面。

### 关于客户的自我设问

（1）对各个层面你想用什么方法、干预或者技术？

（2）各个层面需要重点关注什么事和哪些人？

（3）在每个层面如何获取信息，以及你需要什么信息？

（4）各个层面可能面临什么问题？

## 干预网格

图5.1展示了一个描述不同干预类型的框架，这些类型划分在两个连续区中。在"技术—情感"连续区中的干预层面在图上与"过程—内容"连续区相对。比如，一个在技术信息和内容方面高，但是在过程和情感层面低的干预，可能是一场税务研讨会或者教育项目。相反，家族静修会在技术信息和过程方面都高。这个坐标指出了顾问在和家族企业客户共事时所需要的技能组合。如果问题高度情感化并且和家族过程相关，那么顾问很可能就需要一些治疗方面的技能。如果问题只是内容导向——家族需要知道如何达成购买协议——这时候顾问可能需要的全部内容就是技术性技能。在一些案例中，比如顾问主持一次家族静修会会议，多项技能的组合就非常必要。很重要的一点就是顾问要认识到在干预家族系统时，成功所需的技能范围。一旦顾问使用了某个或某些具体的干预，他们就需要理解如何计划和执行干预。

| 技术 ↑ | 家族委员会会议<br>家族静修会<br>职业咨询<br>战略规划 | 教育项目，比如：领导力、市场、平衡家族与企业角色和边界<br>税收研讨会 |
|---|---|---|
| ↓ 情感 | 治疗<br>夫妻咨询<br>家庭治疗 | 冲突管理<br>团队建设<br>教练/导师 |

过程 ←――――――――→ 内容

图 5.1 干预网格

不管是在技术还是情感领域取得的成功都会对未来的成功起到强化作用。例如，如果凯利家族召开定期的家族委员会会议，战略性地规划家族和企业的未来，他们就会参与到如何更有效处理冲突中去。这反过来也会使他们处在更好的位置上去解决继任者计划。切记：在一个层面的成功也会带来另一个层面上的成功。

# 抵制

我们宁愿忍受目前的折磨，却不敢向我们所不知道的痛苦飞去。

—— 莎士比亚《哈姆雷特》

在我们把注意力转向具体干预之前，需要讨论一下抵制的问题，因为这是对任何变革过程正常和健康的反应。在加速变革的时代，能够学会尊重抵制和有效利用对抗的顾问能发现更好的资源。

对抗不是否认也不是与准备就绪相悖。对抗制造出一种惯性，拖延和逃避需要做的事情。它表现出来的是爽约、不做布置的工作任务、逃避未来或者逃避为未来做计划或者找许多借口。引起对抗的潜在恐惧会导致放弃或者失控。相反，否认表现出来的是问题的重复发生、假装事情好像很正常、不寻求适当的建议或者不关心问题。放弃对未来有更好的处理方法的希望的会导致否认。

任何正经历有计划或无计划变革的人必须做以下工作减少对抗：

（1）增加和他人的沟通与互动。

（2）获取对自己角色与位置的具体信息。

（3）主动参与到变革过程中。

（4）承认过去。

（5）注意辞旧迎新的仪式，因为变革管理的问题可能与不能辞旧，或者不当地管理过去的变化，或者不能展望未来有关。

（6）理解为什么变革是必要的（回答"为什么"能够帮助我们理解和处理其他人需要我们帮助实现的变革工作；"为什么"是个人思考和感受的过程，因此我们必须用一种对自己说得过去的方式来回答这些问题。儿子可能知道他的姐姐，而不是自己，被选为下一任 CEO。他可能听到各种原因，比如，"他不是一个自动自发的人"或者"他不能跟进"。但是在他真正搞明白为什么之前，他都会经历一段很艰难的时期，不能接受这个决定）。

（7）找到对过程有把控而不是对结果有把控的感觉。

（8）有一些关于变革方向和目标的想法。

（9）具有和责任相对等的权力。

（10）承认和表达伴随变革发生的感受。

对抗是所有人保护自己进入变革或者应对恐惧的一种方式。如果我们不把它看成是变革的敌人，而是看成保护客户的朋友，就会有助于我们正确和有效地处理对抗。作为变革的推动者，我们必须熟悉对抗、了解它的一切。我们必须问为什么会出现失约、拖延、回避做艰难的决定。对以下问题的回答是进一步推动方案的关键：

（1）是否需要更多信息？
（2）是不是没有看到与更深层问题相关的变革之痛？
（3）对未来是否迷茫？
（4）家族或企业中是否有人积极地反对变革？
（5）是否心存恐惧？

## 干预的类型

戴尔（1986）、沃德（1987）和很多人都对这部分的干预做过论述。我们在这里不再赘述，而是简要讨论下个人、人际关系或者系统，以及在家族、企业和所有权/治理系统中这三者之间的交互作用。当然，正如我们之前所说，任何干预都会影响其他系统，但是这些干预都有最初的重点。干预层面见表5.3。

表 5.3　　　　　　　　　　干预层面

|  | 家族 | 企业 | 所有权 |
| --- | --- | --- | --- |
| 个人 | ·目标设定<br>·职业规划<br>·咨询/教练 | ·教练<br>·技能设定/目标<br>·辅导<br>·高管教练<br>·绩效回顾 | ·决定去留<br>·消极股东<br>·给非家族成员和姻亲的股票所有权 |

表5.3(续)

|  | 家族 | 企业 | 所有权 |
|---|---|---|---|
| 互动，介于个人和系统之间 | ·冲突<br>·家族角色<br>·家族动力<br>·边界<br>·退休<br>·兄弟姐妹和堂表兄弟姐妹的团队<br>·共同创业人<br>·关系问题<br>·互动对话 | ·角色澄清和协商<br>·360度评估<br>·教育<br>·组织结构<br>·团队建设 | ·董事会<br>·顾问委员会<br>·所有权人委员会 |
| 系统 | ·家族委员会<br>·家族静修会 | ·战略规划<br>·领导力<br>·非家族经理人<br>·进入/退出政策<br>·家族成员和非家族成员的薪酬福利<br>·企业文化的职业化<br>·架构调整<br>·公司的职业化 | ·估值<br>·领导力<br>·公司治理结构<br>·董事会 |

根据戴尔的文章（1994）改编。

在本章接下来的篇幅中，我们会对表5.3中所列的干预做更深入的阐述：

（1）个人层面：咨询与教练；

（2）互动层面：互动对话、团队建设、创建所有人委员会；

（3）系统层面：家族委员会、战略规划、治理结构。

我们还将探讨与家族动力相关的问题，比如替罪羊、三角关系、沟通、体验式干预和情景建设。本章末尾提供了一些参考书目。

## 个人干预

我们作为家族企业顾问共同的角色就是指导或者教练。这个角色很重要，因为客户经常难以获得好的反馈，也没有一个好的董事会能够倾听他们的问题和担心。客户往往也需要新方法来考虑问题并找到解决问题的策略。客户还发现如果有人能够监督他们的改进，给他们勇气，会很有帮助。我们常常在与客户建立关系后发现自己在作指导/教练。这通常发生在评估阶段或者诸如家族静修会的早期活动时与客户的访谈过程中。我们不但会辅导家族企业的领导，也会辅导其他家族成员。事实上，即使是非家族成员也会需要辅导来应对在家族企业中工作所遇到的问题。如果咨询/教练确实有必要，我们就要在合同阶段确定哪些人要参与进来，以及如何执行教练辅导。通常有足够的理由指出，我们作为咨询顾问会定期与客户系统中的关键人物会面并辅导他们。如何定义"定期"，很大程度上取决于干预的程度。通常情况下，干预越接近深层次问题、情感问题，就越需要更多的时间。

比如，在我们咨询过的一家企业中，父亲和儿子之间在相互理解上存在巨大的困难。顾问在这个案例中的角色很大程度上是扮演"中间人"，并指导父亲和儿子如何更有效地与对方互动，特别是在帮助儿子找到职业目标和激情的问题上。儿子一直挣扎是要在家族企业里工作还是在其他地方工作。同时，两个人都需要咨询顾问来帮助澄清他们作为老板/下属和父亲/儿子的角色。在这个特殊的案例中，父亲和儿子在与顾问一对一沟通时会比三个人在一起沟通时更自在、更轻松地表达顾虑、恐惧和焦躁。顾问扮演这种角色，是完成工作的有效妥协。

### 互动干预

当我们进入一个家族企业系统，我们就进入了一张关系网。我们想清楚如何在这张关系网中行驶，会帮助我们避免出现蜘蛛对苍蝇说"到我的卧室来吧"这样的命运。这也会帮助我们记住自己的工作，以及我们一开始要关注的重点。

### 互动对话

尽管关系和界面在所有的咨询中都重要，但这一点的重要性在家族企业中尤为突出。理查德·沃顿（1987）概述了在处理关系问题中使用的惯常方法之外的互动对话。该方法将关键几方都召集在一起，找到把他们相互分隔的问题点，然后使他们达成共识，帮助他们解决问题和改善关系。吉布处理的一个案例就是个很好的例子。当时他咨询的一位父亲刚刚辞退了他的儿子。这件事在家族里面引发了各种负面反应（这位父亲被妻子赶出了家门，只能睡在办公室的沙发上）。在这次干预中，吉布分别访谈了父亲和儿子，然后把他们叫到一起。父亲和儿子都表达了他们的委屈，声称自己陷入了僵局。但是，在这个案例中，两人都认为如果能在一起工作会改善他们之间的关系，修补家庭的裂缝。在听完两人各自的陈述之后，吉布清楚地知道问题的主要原因是父子双方都对对方有不切实际的期望。而且，这些期望之前也没有说出来或者明确表达过，因此他们不断发现自己的期望被打破而处于敌对的感情之中。所以，解决的办法就是让父子两人表达他们对对方的期望，确定哪些是现实的期望，哪些是不现实的期望，然后达成明确的书面协议，写明各自对对方的期望。父亲希望儿子在时间问题上更有担当，并且更好地与企业中的员工合作；儿子则希望父亲对自己的工资发放时间有清楚的说明，以及在工资问题上未来有何期望。儿子还希望父亲能够给他一定的做决定的自主权。这次第三方"斡旋"干预的结果就是，父亲和儿子又重新在一起工作，他们的沟通提升了，关系也得到了改善。

## 团队建设

虽然之前我们提到一些改善两人之间关系的干预方法，但是，在其他一些情况下，整个家族或者团队之间的关系（可能还涉及非家族企业成员）可能需要提升。在这些情况下，团队建设就是合适的方法。戴尔（1997）和其他许多人论述过很多团队建设的方法。莱恩（1989）也概述过团队建设的多种方法。我们发现在团队建设中特别有用的一种方法是"角色协商"（Role Negotiation）。它的操作步骤如下：

（1）确定需要建设的目标团队。这个团队可能是家庭或者包含非家族雇员，但需要是在企业中共同工作，而不是随便凑在一起的一群人。客户/家族会帮助你选择团队成员。这个方法在家族有相当好的沟通技巧而且功能没有失调的情况下十分有效。如果团队成员之间有严重的人际关系问题，可能在团队建设之前先做一对一的访谈或者两人结伴子来处理争议会更好。

（2）在团队建设阶段，让每位成员描述下他们在公司中的正式角色，让每个人都说明他们实际在做什么工作（如果在官方角色和实际工作之间有差异）。

（3）在了解各人的角色之后，询问每个成员他们是否认同自己的角色。如果有不同意见，顾问要促使团队讨论，对有分歧的角色达成共识。

（4）让团队成员轮流说如果要让自己有效履行角色，需要其他团队成员做什么。大家可以同意给予其他人所需的帮助或者协商用其他方式给予帮助。在这个阶段，让他们不能很好地履行角色的家族问题可能会被提出来。

（5）在每个人都与其他人协商了需要之后，询问团队成员还可以做什么来帮助其他人更有效地履行自己的角色。

（6）记录下达成的共识以便将来回顾。

在我们的经验中，这可能需要一个人花三四十分钟来完成这个活动，举行定期的保温会议来回顾达成的共识和做必要的调整。

我们发现这种方法对团队建设非常有效，因为它迫使团队成员去审视如何提升作为团队一员的个人的作用和整个团队的互动关系。这个方法还能让家族成员用合法的方式提出家族动力和其他方面的问题，因为活动的关注点就是提升绩效。

## 所有人委员会

因为家族关系的原因，管理家族企业中家族成员的绩效评定是很困难的一件事。一些顾问用到的一种方法是建立"所有人委员会"。成员通常主要是非家族的高级经理人，以及在家族和雇员中已经建立起威望和信任的更年长的家族成员。所有人委员会的成员通常和董事会成员不是同一群人，但是也可以吸收董事会成员。所有人会议定期举行并主要关注如下问题：

（1）制定家族成员是否能进入企业工作的标准。

（2）确定谁来负责家族成员的绩效评估。问题包括："应该是家族成员的上级？""如果这位上级也是家族成员怎么办？"还是由"所有人委员会来评估家族成员的绩效？"（最后这个方法通常都用于对高层的家族成员的评估）。

（3）设定家族成员的薪酬给付指导原则。

（4）设定家族成员的纪律与辞退的指导原则。

（5）决定如何发展家族成员、提升他们的技能。

顾问通常在与客户见面后确定哪些人组成所有人委员会，以便设定最初的指导原则和解决相关的问题。澄清如何评估和管理家族成员的绩效，以及制订家族成员的发展计划，有助于减少这个敏感话题下的许多内在冲突。在所有人委员会中任职的非家族企业雇员可能以第三方视角来帮助处理这些棘手的问题，也可以减轻家族企业领导在这个过程中承受的压力。

## 系统性干预

家族企业通常没有一个有效的董事会。沃德（1997）已经指出最有效的家族企业董事会中一定有一些家族外部成员，他们在其中扮演着积极的建议者和批评者的角色。家族企业董事会只是一致协议或者一个橡皮图章的情况太常见了（戴尔，1986）。如果确实如此，顾问可以和家族一起组建一个董事会来提供所需的指导。顾问与家族一起：

（1）确定可能的董事会成员。能发挥作用的董事会成员通常具有以下特征：①独立性；②具有处理企业所面临问题的知识和经验；③良好的商业意识；④能理解财务数据。董事会成员可以在行业协会、商会、当地大学里寻找。你还可以考虑在相似背景下工作过的退休高管。

（2）面试可能的董事会成员，判断他们的兴趣、经验和技能。

（3）选举董事会。董事会的规模不能太大也不能太小，一般5~7人比较合适。

（4）帮助董事会管理内部流程。顾问通常一开始要作为"流程顾问"与董事会有几次见面机会，帮助董事会在决策方面建立起合作，确保一个健康的程序。顾问一般会提供有关团队互动和程序方面的培训。

**战略规划**

战略规划通常是干预家族企业的重要手段。虽然卡洛克和沃德（2001）已经写过许多这方面的文章，但对顾问来说基本的方法如下：

（1）家族要制定一个家族的使命和一个企业的使命。

（2）确保这两个使命要匹配。比如，如果家族希望增加财富，但不愿意引进外部职业经理人来帮助公司发展，那它很可能就达不到自己的目标。顾问可以帮助家族整理一些内在的权衡，这些权衡通常出现在试图达成家族和企业目标的时候。

（3）帮助家族制订战略计划，让他们能够达成使命和目标。这包括运用战略规划框架，比如沃德（1987）和最近卡洛克和沃德（2001）提到的框架。

（4）监督家族企业在使命和战略方面的进步。这可以通过参加回顾绩效的董事会或者高管会来实现。

为了说明战略规划如何帮助家族企业，我们将讨论要求对企进行评估的布莱斯家族的案例（在第一章中的案例1.1简要提过）。在评估阶段，顾问发现家族有四个企业——三家很成功，一家则不然。这家失败的企业是由创始人的一个女儿在经营；创始人用其他企业的利润（由她另外两个女儿和自己经营）来补贴这家经营不善的零售店。这个企业是为了给她女儿创造一个就业机会（她在找到稳定工作方面有困难），但是这个公司变成了一个"钱坑"，吞噬了所有企业的利润。

**家族企业委员会会议**

家族企业委员会会议有多重功能，尤其是在技术和程序方面。这个组织形式与"所有人委员会"不同，因为它通常是由家族成员组成，不管他们是否在企业中工作。它也与家族委员会不同，后者一年开一次会，而且主要是解决信息分享、教育、关系建立的问题。家族委员会会议召开得更加频繁，并且主要集中解决决策问题（对术语的注释：一些作者和顾问交替使用家族委员会和家族会议，意思是家族的"董事会"，用来提供治理结构）。在规模小的初创期公司或者其他存在严重冲突的公司，有必要更频繁地召开高度结构化的会议。

凯利家族需要召开定期的家族委员会会议，提供一个更正式和有组织的环境来讨论家族问题和他们在企业中的关系。家族委员会会议作为有组织、有计划的机构，需要有关财务的数据和业务技术方面的信息。它还提供一个会议来讨论价值观、政策和未来发展方向。除此之外，定期的家族会议可以产生家族认同感、主题、规则和角色。共享信念的体系（我们是谁？我们做什么？）能够建立起在危机、冲突和变革时期把家族凝聚在一起的联系。不管是家族会议还是委员会会议都能加强家族联系。

示例5.1为委员会会议议程。

**示例5.1　委员会会议议程**

| | |
|---|---|
| 8:00—8:30 | 跟进上次会议的行动计划,更新销售数据 |
| 8:30—9:00 | 主席宣布新门店拓展的陈述 |
| 9:00—9:30 | 讨论其他可能的选择 |
| 9:30—10:00 | 计划下次会议之前（两周内）的行动计划 |

示例5.2展示了一个行动计划工作表，这是完成行动计划的一种方法。顾问展示了这些问题之间的相互关系，以及把他们串在一起来帮助家族系统性地思考和计划。当你开始执行行动计划时，很重要的一点就是确

保所有参与进来的人都能准确地理解正在发生的事情。在行动计划的每个阶段，小组成员应该完成工作计划表内的任务：①需要完成的关键任务；②谁来执行这些任务；③什么时候完成；④如何完成（需要的资源、人力等）。工作表可以复制和分发给所有参与变革的人员，这相当于是变革的地图。

**示例 5.2　行动计划工作表**

| 任务 | 责任人 | 完成时间 | 方式/途径 |
| --- | --- | --- | --- |
| 销售动员 | 小乔 | 11月30日 | 与销售人员开会并根据今天确定的优先任务制订销售计划 |
| 确定建造计划协议 | 凯瑟琳 | 10月30日 | 与建筑师、银行家和律师开会 |
| 确定建造计划 | 丹、凯瑟琳 | 11月15日 | 一起与建筑师开会 |
| 安排会计师和律师说明继任计划 | 老乔、安 | 下次会议 | 联系律师和会计师参加下次会议。告知他们在会上家族可能会提出的问题和担心 |

委员会会议能帮助家族建立共识，改善和保持开放直接的沟通环境，以及解决他们担心的问题。为使这个会议有效，需要一些调动互动和帮助解决问题的基本规则和流程，还需要澄清角色。这是一个家族可以用来满足个人、家族、企业不断变化的复杂的需要的进化结构，有一个流程来决定参会人、会议目的和目标、会议频率和议程是很重要的。一些人建议委员会会议按季度或年度召开。我们的经验是，如果家族在经历转型或者处在高度冲突之中，就需要更频繁地召开会议。任何与家族企业相关的工作

都涉及建立和发展架构、机制和流程，用以促成健康的家庭和企业。家族委员会提供了有组织、定期的会议，还有沟通和决策基本规则，让每个成员可以发表意见。它还为所有人提供了一个通过陈述来了解情况和参与制订未来计划的机会。顾问必须参加到过程中，承担起对具体问题做好功课的责任。

在协助开展第一次家族委员会会议上，我们通常有一个关于什么是委员会会议（见示例5.3）和此会议是什么样的简单指导模块。此后，家族会为下午的会议设定议程（见示例5.4）并选出控制时间、记录内容和维护过程秩序的人。我们有责任协助推动前两三次会议，逐渐让家族来接手会议主持。

**示例5.3　家族委员会会议指导原则**

- 设定时间表——开始与结束时间——严格控制时间。
- 同意基本规则（电话、干扰、休息等）。
- 制作会议议程，包括会议目的、主题和每个主题的主持人。
- 对复杂的问题，注明期望达成的结果。
- 留出头脑风暴的时间（见示例4.5）。
- 留出10~15分钟时间来评估。
- 制订每个主题的行动计划和跟进方法。
- 用达成共识、投票或者其他大家同意的方式来决定谁承担以下职责：

　　会议主持人

　　时间控制人

　　记录人

　　会议秩序维护人（负责监控会议是否按计划进行、时间是否受控，以及是否尊重基本规则）

示例 5.4　凯利家族委员会会议议程

---

早上

家族委员会：简介其功能

为下午的家族委员会会议做准备

回顾指导原则、设立议程

建立角色和基本规则


下午

第一次家族委员会会议

---

一个有用的先期准备是让家族成员说出他们自己的目标和他们认为的企业和家族的目标。每个家族成员用 10~15 分钟来想想自己、家族、企业的目标分别是什么，以及时间线。每个人都完成一张像示例 5.5 的表格。接下来是讨论，包括任何有冲突的目标、感到吃惊的目标或者对观察到的目标做出评论。这是参与度的试金石（你会看到，家族成员对未来的看法是多么不同！）一些家族可能不能自己运作这个会议，有些家族在几次会后就可以自己主持了。

示例5.5　目标设定图样本

| 截至2010年 | 个人 | 家族 | 企业 |
|---|---|---|---|
| 凯瑟琳 | 我希望那时可以退休，回到迈克身边，生活在充满阳光的地方！我还希望小乔可以接管企业，或者我们把企业卖了 | 我希望家族中的每个人可以自己选择道路，特别是下一代。如果他们认为待在企业里是最好的，也可以待下来 | 我希望企业成功，不管是乔做主席，还是将企业出售，或者其他人来管理 |
| 老乔 | 我那时已经89岁了，希望我还能在公司，身体健康 | 我希望孙子辈能在企业工作——至少有人在企业里。而且凯瑟琳、乔和丹能够一起愉快地工作 | 我希望企业在规模上能够扩大一倍，销售额是现在的三倍。也希望我们能给到社区的时间和财富都是现在的三倍 |
| 小乔 | 我希望做自己想做的事情；我热爱销售并且很擅长，尽管现在的销售业绩不太好 | 我希望两个女儿可以上大学；我和我爱人能有更多时间度假和旅行。也希望家庭能继续待在这个镇上，大家一起工作 | 我希望辛迪在大学毕业后能够全职在企业工作，我们可以像现在这样一起工作 |

另一个有用的工具是示例5.6的学科互动矩阵。纵向的一栏列出了需要完成的任务，横向的一栏则列出了情感问题。家族完成这个矩阵，就可以理解任务/技术性问题和情感问题相互交织的复杂性。接下来家族需要为这些技术性问题和情感问题制订行动计划。

示例5.6 学科互动矩阵

| 情感因素<br>任务/技术性问题 | 父母放手 | 失落感/结束感 | 每个人之间的关系 | 凯瑟琳的个人问题与决定 | 在继任计划完成后我们的生活 |
|---|---|---|---|---|---|
| 继任计划 | 老乔和安经历"放手"的困难时期；因为企业就是他们的生活 | | | 凯瑟琳如何能够接管企业 | |
| 增加销售 | | | 小乔担心当销售任务增加时，他的灵活时间更少 | | |
| 业务长期战略规划 | 我们是否能够或者是否应该把所有者计划和管理计划分开 | | | | 当工作角色发生变化，父母退出企业后，我们的关系会发生什么变化 |
| 其他 | | | | | |

来源于简·希尔伯特-戴维斯和杰克·沃福德为一次家族企业静修会准备的材料。

一些有助于家族度过这个困难时刻的指导原则和小技巧：

（1）鼓励头脑风暴——试着用新的方法看问题；

（2）努力达成共识和要采取的行动计划；

（3）确定冲突管理计划并坚持执行；

（4）持续为未来规划：小组成员通过思考未来获得能量，但是因为聚焦当前问题而感到郁闷；

（5）澄清目标；

（6）清楚地界定角色和基本规则；

（7）建立界限明确的决策流程；

（8）强制执行清楚的行为准则；

（9）传授对组织流程的意识；

（10）确保提供充分的资源。

最有效的活动在个人层面、互动关系层面和系统层面同时展开。像任何生命系统一样，一个变化会波及整个系统。看上去很小的变化，比如为家族成员建立绩效回顾，可能会激发工作绩效的提升。家族会议上的沟通提升可能对管理会议产生影响。基于家族价值观的战略计划使家族成员对公司的方向和他们自己未来的方向都有更好的感受。

# 家庭动力问题

在讨论家庭动力之前，我们先简单回顾一下在咨询评估阶段发现的普遍问题。

## 替罪羊

替罪羊这个词，或者说是"把责任推给别人"，来源于圣经中的仪式：把人们的罪放在山羊头上，然后把羊送进旷野。这个词是指被指责的人或者物。在家族治疗中，这个词通常是指父母因为家庭问题无意识地把责任归咎在小孩儿头上。它也通常被用来指在工作或家庭中，"表现出了症状"以及被问题或冲突影响最明显的那个人。替罪羊通常是家庭和企业中大家愤怒的对象。如果家庭或者企业是个封闭系统，把替罪羊除掉但不改变互动模式，那么就会出现另一个替罪羊。通常我们这些职业人士会接受这种情况，而不会去挑战这些前提。

### 三角关系

这个概念来自于代际家庭治疗师默里·博文（1976）的著作。三角关系是指两个人不能解决相互之间的冲突，或者对关系感到痛苦，从而把第三方牵扯进来。三角关系是一种正常的反应，而且短暂的三角关系存在于每个家族中。这种关系只有在同样的人在一段时间内因为同样的原因重复这个过程时才会导致失调。

找来第三方是回避问题、暂时降低冲突程度的方式。但是，过一段时间，那些长期存在三角关系或者长期用三角关系来取代问题解决的家族在业务或整个家族任务上都不会成功。许多冲突的基础都是因为存在一个三角关系。另一个长期三角关系的重要教训就是，顾问也会被卷入这种关系，特别是在冲突激烈的家族中尤为如此。当家族成员想要把我们推进三角关系中时，就会偏转变革过程的力度，因为我们在这种情况下保持创造力和对情况的判断是很困难的。一个例子就是两个长期有冲突的亲属，其中一个试图让顾问相信本人这一方是对的，另一方是错的。这时，顾问能走的正确一步是处理这个三角关系过程和促使家族成员之间的对话，帮助他们更有效地合作。

家系图是确定和告知三角关系知识的一种方法。（麦克高德瑞克，葛森，施伦伯格，1999）。家系图对理解三角关系很有帮助，因为这种关系一代代上演，可以帮助家族理解这个过程如何影响到家族和企业的功能运转。

### 沟通

家庭系统理论中的有关沟通的观点包括信息如何传递和处理，以及个人是否能准确表达自己的意思。健康的系统可以传递一致的信息，口头的和非口头的都是一个意思；能够提供一个让个体感觉能够自由开放表达自己计划、感受和问题的环境；允许讨论中出现冲突，这种冲突可控也能解决。沟通包括了所有我们传递信息的方式：文字、手势和身体语言。

当出现以下情况的时候，我们就要注意可能需要检查沟通的情况了：

（1）两难选择的信息。这也就是指人们给出的口头和非口头的信息有冲突或者相反。听者不知道该相信哪一个信息。有一则笑话就是个经典的诠释：查尔斯系上绿色领带，他父亲说，"噢，真帅，你今天系着新领带。什么情况？你不喜欢蓝色那条？"讽刺可能也包含进退两难的信息，比如，"你不参加家庭会议？好吧，我猜你需要一些时间休息。"

（2）对抗的信号。

（3）指责。

（4）"大灾难的四个马车夫"（高特曼，1994a）是对关系破裂的预言：抱怨和批评、蔑视、防御、冷战（拒绝讨论）。

## 针对家庭动力的体验式干预

要处理这些类型的问题，顾问可能需要用"行动治疗"来干预。这种方法被运用到很多练习上，包括角色扮演、心理剧、家庭雕塑、情景建设，或者"假若……会怎样？"的仪式。这些练习包括行动，但不一定要说话。我们把这些技术用在僵局、个人说得太多或说得不够、一些只需要轻松娱乐的时候。这些活动还被用来打破旧的模式，教会新的行为，外化观点、故事、梦想和恐惧，以及挑战个人对自己和他人心智模式和观点。有一些是直接干预，比如角色扮演与角色反转（每个人选择与他自己相反的角色）。这些方法在冲突情况下十分有效，而且能够增加对其他人所处位置的理解。其他诸如家庭雕塑的方法是象征性的（代表其他的东西）或者比喻性的（联系到对其他事物的画面）。比如，在一次角色扮演中，朱迪、吉拉德和路易斯每个人都扮演其他人的角色，讨论在协商中可能会发生的事情。这次简短练习的报告揭示出他们每个人都对他人有不准确的假设。这些活动绕过了我们的防御，动摇了我们的老调和对他人的陈见，所有这些都需要改变。正如一位早期的家庭雕塑开发者邦尼·杜尔（1983，1993）所说，"行动中的身体不会说谎。"

在接下来的篇幅中，我们将要讨论几种体验式活动：家庭雕塑、边界雕塑和情景假定。

**雕塑**

"雕塑"（Sculpting）是由家庭治疗师戴维·坎特、弗雷德和邦尼·杜尔开发的。简在波士顿家庭学会早期的训练和授课中就使用雕塑来评估和治疗。她还把这种方法用在团队建设、大型变革活动和企业中的家族上。基本上，雕塑作为一种在空间中的比喻，通过空间安排来探索家庭和工作关系。个体被要求在一个雕塑上描绘家庭和工作场景，给每个人一个手势或者站姿来展示他们正经历的问题、情况或者变革重点。顾问通过提出针对系统的、互动模式的问题来协助参与者完成活动。设计有舞动动作的雕塑能够避免语言的模糊，能够比较个体对问题的感知，抓住行为模式，说明多重认知。比如，莫特、哈利特、马克和史蒂夫被要求描述在此时此刻他们在家族中经历的冲突是什么样的。当这种冲突被表演出来，经过几分钟的沉默，顾问提出以下问题："莫特，当你介入进来干预马克和史蒂夫时会发生什么？""马克，当你靠近史蒂夫时，他会做什么？"参与者不用解释，只需要在练习中描述他们的物理反应即可。莫特可以观察到当他靠近时，儿子们离开了。当他离开时，儿子们又来接近他。哈利特描述了她的无助。每个人都可以更清楚地了解到他们互动的模式。

**边界雕塑**

这种雕塑是为正在边界问题上挣扎的家族企业成员设计的活动，它能够探索个人、个人内在和系统之间的边界。邦尼·杜尔（1993）指出她开始用边界雕塑作为处理夫妻问题的关键的诊断过程。简将这种方法用于家族企业，发现有些时候结果令人吃惊。她从每个个体开始，让每个人想象并描述自己所处的位置和周围的边界。然后我们将此扩大到让家族来定义家族边界，而且把它和企业边界对比测试。在这个联系中，家族被要求在屋子里为家族和企业分别划出一块空间。他们自己站在所属的空间里，并说自己在什么时候、如何从一个空间到另一个空间。这些问题包括："什么时候你从一个空间转移到另一个空间？""你如何做这个决定？""你如何让两个空间保持独立，或者你从没让它们保持过独立？""你大部分时间花在哪个空间里？""什么把你从一个空间拉向另一个空间？"在讨论中，家族可以获得有关家庭与企业边界的重要领悟。

**情景建设**

这项技术对计划目的很有帮助，通常围绕问题来构建情景，如"倘若……会怎样……"比如，你可能让一个家族企业回答这个问题："如果父亲下午去世了，你会做什么？""如果你的销售业绩突然下滑，你会做什么？""如果下一代没有人想持有或在企业工作，怎么办？""如果作为副总裁的女儿离婚了，你怎么办？"这些问题能激发家族去为无法预见的事情未雨绸缪。为了更有效地达成这个效果，情景假定必须真实、具体，能够鼓励参与人去为这些事件找到解决方案。

## 干预的指导原则

总之，我们有一些给开始干预家族企业的顾问的建议和指导原则：

（1）澄清目标，和客户就此目标达成一致。

（2）同时关注对技术问题和情感问题的学习。

（3）寻找变革的成功时刻，给予奖励。

（4）在你小心翼翼地实施过程中关注结果。

（5）建立自身的胜任力。

（6）保持灵活。

（7）考虑更大的背景，然后把目标分为小的、可实现的、熟悉的步骤。

（8）经常问自己："我是否很好地倾听？""我是不是做了太多假设？""我们是不是和客户一样小心地挑战我的假设？"用后现代的语言说，就是要让客户的故事成为叙事的主体，而我们的故事退居幕后。

（9）经常问自己："我问对了问题吗？"如果你问错了问题，或者用错误的方式问正确的问题，可能会让问题继续存在。比如，如果继任受阻，你会问是什么导致了创始人不能放手？或者，你会问他在工作之外追求些什么？

（10）决不要比客户更努力，不要做客户该做的工作，以避免让客户产生顾问会来做这些事情的假设。

（11）享受工作；做那些能让你享受工作的事情（如果你让家族会议很无聊，你可能也不是唯一一个感到无聊的人）。

（12）知道什么时候需要帮助。

（13）在管理负面的变化时要敏感地看到积极的变化。

（14）尽管变化不总是从高层开始，领导团队也必须是项目的捍卫者。在家族企业中太常见的情况是"命令和控制"的领导方法。我们需要帮助他们提升共同决策的能力，和提升家族的高效运转的效率。我们对企业所有人、经理人的想法越简单、越清楚、越容易理解，那么对下一代和其他员工的考虑就会更高效，效果也更好。

（15）在清楚的标准下合作能够提高速度、灵活性、创造力和适应力。比如，为了让第三代所有人的堂表兄弟姐妹合作良好，企业必须有清楚的期望、工作描述、职位名称、绩效标准和个人公平的报酬。这必须要有团队规则做支撑：比如会议多久召开一次，主要的职责是什么，以及团队及其成员向谁汇报。

（16）避免"无休止"的咨询。顾问应知道什么时候宣布胜利然后撤出，包括你和客户达到协议的目标这种真正的胜利，也包括到目前为止你们能实现的接近胜利的状态。

在本章中，我们已经讨论了一些和家族企业干预相关的重要问题和策略。在下一章，我们将讨论如何干预和帮助家族企业处理正常的发展变化、危机和他们认为最严重的问题——继承问题。

## 辅助资料

冲突管理

Kaye, K. (1994) Workplace wars and how to end them. New York: American Management Association.


建立董事会

Ward, J. L. (1997) Creating effective boards for private enterprises. Marietta, GA: Buisiness Owner Resources.

关系

Hoover, E., Hoover, C. (1999) Getting along in family business. New York: Routledge.

决定出售企业

Cohn, M. (2001) Keep or sell your business. Chicago, IL: Dearborn Financial Publishing.

战略规划

Carlock, R., Ward, J. (2001) Strategic planning for the family business. New York: Palgrave.

其他资源

家族企业学会（FFI）网站上能够搜索有关家族企业主题的文章、案例和书籍。(www.ffi.org)

《家族企业杂志》的订阅者也能够搜索具体的主题。(www.familybusinessmagazine.com)

# 第六章　帮助家族企业实现发展过渡

　　生命循环事件中的干预跨越了组织、家庭和个人发展。尽管家庭和家庭中的个人都在成长，但也有仅仅属于家族企业自身的发展进程。想清楚地说明个人、家庭、企业相互交织的发展，增加了我们诊断家族企业问题时使用这些模型的难度。但是，关键的一点是要理解这些发展如何随着时间演进（纽鲍尔和兰克在《家族企业：治理与可持续发展》（1998）中对这种发展途径做了总结）。我们作为家族企业顾问就是要帮助客户走过这些相对可以预见的发展转型过程。

　　希腊人认为未来出自过去，过去又在眼前逐渐消逝（皮尔西格，1984）。当过去消逝时，我们帮助客户从中学习；当未来临近时，我们帮助客户为此做好准备。我们在本章中增加的讨论包括相互作用、风险、每个发展阶段的任务和当计划受到任何干预时，转型动力的重要性。

　　家族企业顾问和学者设想了各种发展模型。比如，莱昂·丹科（1982），一位早期的家族顾问，断定发展有四个阶段，分别称为：①奇妙期（Wonder，充满了兴奋和能量）；②踉跄期（Blunder，公司发展和承担风险，不可避免要犯错）；③轰鸣期（Thunder，强劲发展）；④分离与吞并期（Sunder and Plunder，要么成长要么多元化，或者被收购，或者退出市场）。其他一些人用管理继承关系所需的管理角色维度来讨论组织生命循环（麦吉文，1989）。葛斯克、戴维斯、汉普顿和兰斯伯格（1997），在《世代相传》中，提出一个发展模型，包括家族、企业、所有权三个互相重叠的系统。卡洛克和沃德（2001），在迄今为止最复杂的模型中，坚持认为所有权不是一个生命循环，"而是疏导生命循环力量和家族决定影响的所有人格局"。他们提出一个模型，把家族企业结构转化成由生命循环力量和家族决定产生的六个所有权格局：企业家精神（第一代）；所有人管理（第一代）；家族合伙；兄弟姐妹合伙（第二代）；堂表兄弟姐妹合作（第三代）；家族联合体（更后面一代）。我们将借助这些理论和其他前人的成果来说明发生在个人、家庭、组织生命中的发展阶段。

有些时候，我们把它称为"善意框架"，因为它认为系统是"受阻"或者"失灵"而不是病态的，发展方法加入了时间维度，把个人行为和组织置放在一定背景中，并且把伴随出现的问题放在随时间发展的自然进步之中来考虑。这是一个灵活、整体的框架，可以作为评估、预测、治疗的工具，帮助顾问决定家族企业当前可能面临的问题，预测可能在未来碰到的问题。确实，家族企业的复杂性可以在他们同时变与不变的悖论中展现出来。（作为顾问，我们可以将家族和企业比喻成录像机而不是宝丽来相机。也就是说，我们想要捕捉完整持续的画面，而不是某一刻静止的画面）

家庭、企业、个人、所有者和市场环境之间的相互影响有时候会增强各方的发展，但有时候会相互破坏。第五章讲到有计划的变化。在本章中，我们要探讨变化，一些是预料中的，一些是无法预料的，发生在转型阶段各个时间、任务和风险中。意识到这些挑战，包括管理各种观点、对抗的利益以及通常遇到的"不同步"的阶段，对顾问帮助家族企业非常重要。

# 发展阶段与任务

我们大多数人从将要出生那一刻开始就渴望着被改变，而且在相似的震惊中经历着变化。

—— 鲍德温

这句出自詹姆斯·鲍德温的话启示人们，挫折、兴奋和无限可能都和我们人生的变化紧紧相连。我们接下来要展示的模型会说明我们在客户系统中发现的"典型"发展模式。很重要的一点是，我们要注意到这些家庭和个人的模式会随着婚姻与孩子抚养的传统模式发展，这对许多家庭和个人来说都适用。但是，我们要指出这些模式在近年来有很多变化。在此前提下，我们将探索个人、家庭和企业的发展。

## 个人发展的各个阶段

表6.1中的个人发展阶段模型来自于埃里克森（1976）的发展研究。在20世纪70年代，因为盖尔·希伊（1977）的《人生变迁》（Passage）、莱文森（1978）的《男人的生命季节》（The Season of a Man's Life）、吉利根（1982）的《不同的声音》（In a Different Voice）和米勒（1976）的《迈向新女性心理学》（Toward a New Psychology of Women）等著作变得流行起来。每个人都生活在家庭排序（Family Constellation）不断变化的背景中。在年轻夫妇家里出生的第一个孩子在性格上就和在已经有三四个孩子的家庭中出生的孩子的性格有所不同。托曼（1976）在《家庭排序》（Family Constellation）中描述了出生顺序和性别对个性和行为的影响。当我们研究人类发展和行为的时候，需要考虑到这种影响。

表 6.1 　　　　　　　　　　　个人生命周期

| 阶段 | 关键任务 | 风险 | 参与家族企业 |
| --- | --- | --- | --- |
| 童年<br>（0~11岁） | 逐渐变得独立，发展身体机能，学习问题解决机能，建立关系，发展责任感，平衡自我认同与亲密关系，扩展社交世界 | 身体、社会和情感技能未得到发展，责任感没有出现，过度依赖，技能贫乏，建立关系的能力不足，社交世界未能扩展，没有为进入青春期做好准备 | 合适的时候可以参加家庭静修会 |
| 青春期<br>（12~19岁） | 社交世界继续扩展，各种技能持续发展，独立性增强，自我和家庭的情感挣扎，性成熟带来身体上的变化，平衡个性与亲密关系 | 个性发展被阻碍，技能没有发展，责任感发展不充分，社交孤立，过度依赖或者与父母疏远，表现出不能适应的症状（忧郁、发泄、饮食紊乱），自我意识发展出现问题 | 可能兼职做一些适合其年龄的工作，获得公平的报酬 |
| 青年期<br>（20~40岁） | 扩展的世界，作为成年人在工作和生活上生命得到发展，生命的全盛时期，充满了机会和责任 | 不能平衡自我独立和父母的关系，离开家庭和保持联系的能力尚在发展，技能没有发展，自我意识不清，不满意或不能发展爱情和工作关系，不能应对成年人的责任和关系 | 在这个年纪的早期被鼓励在家族企业之外工作以获取其他经验，之后如果对家族业务感兴趣就会经过面试，根据岗位的清晰、客观的标准受聘，获得公平的薪酬和绩效评价。职务名称与工作匹配，由非家族经理人辅导 |
| 中年期<br>（41~55岁） | 家庭和工作的责任增加，平衡各种关系和自我，常常要应付同时作为父母和孩子的责任，生育，重新聚焦在中年职业和婚姻问题上，对待孩子的方式从权威指令转变为给予建议 | 不能在爱情和工作中找到满足感，生命的停滞感，不能同时处理好多种角色，孤立 | 继续获得与角色、职责相当的责任和回报，发展到更高的位置，回报随着责任的增加而增加 |

表6.1(续)

| 阶段 | 关键任务 | 风险 | 参与家族企业 |
| --- | --- | --- | --- |
| 老年期<br>(56~65岁) | 孩子离开家生活,自己在工作上承担更多职责,准备退休,体能下降,关系丰富,呈现个人和社会价值 | 不能为放手孩子的生活或放手中年的成就做好准备,不能从事有意义的工作、做出贡献和找到价值,始终忙碌以免面对变老的过程 | 最资深和多产的时期,在业务上是领导,和家族成员、顾问一起计划退休和制订继任计划 |
| 晚年期<br>(66岁+) | 离开工作,个人关系继续发展和深化,体能衰退,身边陆续开始有人去世,处理"自我完善"的问题,自我感与价值感,对社会或家庭做出贡献;反思;活跃;结束或适应养老院的生活 | 抑郁,后悔,不能面对衰老和失去,保持忙碌以免面对衰老的过程,感觉生活停滞 | 放手业务,追求其他的兴趣爱好 |

## 家庭发展的各个阶段

表6.2包括了卡特和麦克高德瑞克(1989)在《变化的家庭生命周期》(The Changing Family Life Cycle)一书中提出的模型和贝卡瓦(1996)在《家庭治疗:一种系统整合》(Family Therapy: A Systemic Integration)中提到的模型。这些阶段描述了家庭在不同时期面对发展中的关键任务,也概况了与此相联系的各种风险和潜在问题。

表 6.2　　　　　　　　　　　　　家庭发展阶段

| 阶段 | 关键任务 | 风险 | 参与家族企业 |
| --- | --- | --- | --- |
| 离开家庭，单身的青年时期 | 与原生家庭的自我差别；同伴关系的形成；与工作相关的自我的建立与财务独立；开始接受自己财务和情感上的责任 | 不能形成成熟的关系、找到有意义的工作并承担责任；变得有相互依赖性；没有建立起自己的角色、责任、开放和真诚的沟通 | 在家族企业之外工作的好时段，建立独立的自我并为回到家庭做好准备 |
| 新婚夫妇，家庭的结合 | 形成婚姻、夫妻关系；重新调整和扩展家庭、朋友之间的关系；对新的系统、家庭有承诺；调整职业需求 | 新婚夫妇没有建立起健康的关系；通向新关系的边界被关闭；不能适应新的扩展家庭；不能平衡职业和家庭的角色与责任 | 适合加入家族企业的年龄阶段；新的财务责任；在平衡工作和家族需求上有一些压力 |
| 有幼儿的家庭 | 开始适应小孩；参与小孩的抚养、财务、家务等；重新调整与扩展家庭，包括父母、祖父母之间的关系；在系统中接受新的成员；允许小孩在家庭之外建立关系；教育的责任；不断增加的责任 | 不能处理好职业和家庭的多个角色；难以面对扩展家庭上有困难；难以适应小孩；封闭的关系；不鼓励小孩开始承担责任和变得独立；夫妻没有灵活性；不能应对成长中的家庭和工作的变化 | 在家庭和工作方面不断增加的责任和财务需求；适合在家族企业发展的年龄阶段 |
| 有处在青春期孩子的家庭 | 从父母—子女关系转变为允许处在青春期的孩子进入或者走出系统；重新关注中年问题和职业问题；开始转向共同照顾上一辈人；家庭边界的灵活性增加，已将孩子的独立性和祖父母的衰老包括进来 | 难以鼓励处在青春期阶段的孩子进入或者走出系统；不能适应孩子对自己的依赖减少；对职业和工作不满意 | 持续的家庭和财务责任；孩子可能开始在企业兼职；承担更多长辈的角色 |

表6.2(续)

| 阶段 | 关键任务 | 风险 | 参与家族企业 |
| --- | --- | --- | --- |
| 孩子离家后的家庭 | 重新协商处于二元关系中的夫妻关系;发展起成人对成人的关系;对包括孩子的姻亲关系和孙子女关系的重新调整;应对能力丧失和祖父母的死亡;开始接受进出家庭系统的多种出入口;维持支持性的家庭基础;放手和重建婚姻 | 当孩子离家后,不能重新协商夫妻系统;在放手孩子离开家庭上存在困难;应对不断衰老的父母的财务和情感资源有限;难以应对进出家庭系统的出入口 | 随着孩子的离开,在工作上投入更多的精力;职责和回报增加;制订继任计划 |
| 晚年的家庭 | 面对衰老,保持健康和独立;支持处在更中心角色的中年一代;接受代际角色的转换,为老年的智慧腾出空间;支持更老的一代人但又不过度对待他们;应对死亡带来的失去和为死亡做好准备;回顾和整理人生 | 身体和情感功能衰退;夫妻关系压抑;缺少财务和情感资源来应对第三代;难以放手和让下一代人接受;不能面对失去;不能为疾病和死亡做好准备;拒绝接受生命过程终要结束的不可抗性 | 对工作放手;退位;辅导孩子接管企业;发展其他兴趣 |

来源:桃乐茜·斯特罗·贝卡瓦和拉菲·J. 贝卡瓦的《家庭治疗:一种系统整合》(Family Therapy: A Systemic Integration)(1996年第三版),以及 B. 卡特和 M. 麦克高德瑞克的《变化的家庭生命周期:家庭治疗框架》(The Changing Family Life Cycle: A Framework for Family Therapy)(1989年第二版)。经 Allyn 和 Bacon 出版社许可重印和改编。

## 组织生命周期的各个阶段

表6.3整合了葛瑞娜(1972)所说的"组织成长中的演进和革命"的五个阶段(纵轴是组织规模,横轴是组织年龄),弗拉霍尔茨(2000)在《成长之痛》(Growing Pain)中提到的组织成长期阶段,以及艾迪斯(1979)在《组织历程:诊断与治疗组织生命周期问题》(Organizational

Passages: Diagnosing and Treating Lifecycle Problems of Organizations）中的十个阶段，其中纵轴是"行为聚焦"（生产、管理、开创、整合），横轴是组织年龄（精神年龄、市场份额、组织结构的功能）。从之前的工作中，我们界定了对大多数组织来说共同的发展五阶段。

表6.3　　　　　　　　　　　　　组织生命周期

| 阶段 | 关键任务 | 风险 | 家族企业的挑战 |
| --- | --- | --- | --- |
| 新事业、新公司 | 开发产品和服务；界定和定义市场；生存 | 计划差；开拓利基市场和开发产品失败；缺少人力和财务资源；领导力差；缺少远见 | 财务紧张；家庭出力提供帮助，家庭成员扮演多种角色，孩子通常也给予帮助；家庭和业务需求合在一起产生压力，对机会感到兴奋；偶尔对家庭生活占用了时间和精力感到愤怒；边境通常模糊 |
| 扩展、成长 | 建立运营体系和基础设施；获取资源；成长 | 缺少成长所需的资源和与组织内部成员的沟通；产品质量下滑；时间和空间的限制；技术资源有限；个人需求引发业务逆转；人力紧缺；战略规划差；应付日常的危机而不是解决长期问题 | 随着业务扩张，财务状况好转；建立了基础设施，开发了运营体系，更多的员工，家族参与减少，放松但是会有失落感；可能与家庭在一起的时间减少 |
| 职业化；早期的官僚化 | 开发管理体系；"职业化"过度，形成不同类型的组织；变革；平衡创业的、家庭式的精神和成长需要的正式体系；授权与协作 | 不能或不愿从创业企业转变为职业化管理的企业；缺少计划、业绩评估、沟通体系所需的正式性 | 家庭从企业中看到更多的财务好处；业务占用更多的时间和精力；需要建立企业与家庭之间更有效的边界；成立外部董事会 |

表6.3(续)

| 阶段 | 关键任务 | 风险 | 家族企业的挑战 |
|---|---|---|---|
| 整合；成熟 | 发展公司文化；重新强化职业管理；关注价值观、信念、历史；失去创业和家庭般的规则；通过合作实现成长 | 通过公司成长和扩张完成文化转变失败；还持续着非正式的社会化；不能保持创新和灵活；官僚化压倒组织；缺少多元化 | 已开始制订继任计划；家族价值观在企业中内化；一些家族成员还在企业中工作；一些家族成员只是分享企业的所有权 |
| 衰落或重生 | 主动而非被动地决定实现多元化；创造新产品；界定新市场；整合新的业务单元；重振公司；新业务单元开始作为创业公司 | 不能或不愿重振企业；不能赢得竞争；过早地承认市场饱和；财务和人力资源受限；计划差；没什么远见 | 要么生要么死的阶段；缺少继任计划；冲突；领导力差，或者缺少财务和人力资源上的扩张，没有多元化 |

我们为家族企业提供咨询的方法是在评估阶段为以下对象去界定组织的发展阶段：①关键的个体——特别是家族领导/创始人和潜在的继承人；②家族本身；③组织。确定个体、家族和组织所处的发展阶段能够提醒我们注意可能在咨询过程中需要处理的潜在问题。例如，在评估阶段，我们发现家族企业的创始人正在变老，但是还不能放手。家族也不鼓励孩子承担责任和走向独立，组织处在衰退状态。这种模式对我们如何帮助客户有重要意义。在这个例子中，可能的解决办法是出售企业，因为短期看来，家族下一代还没有做好接受的准备，而创始人又不大可能放开权力。另一个办法可能是帮助创始人和其子女一起解决这些问题，保留家族在企业中的所有权和管理权。但是，这个建议可能很难实现并且需要更深的干预才行。假定这家企业正在衰退，顾问可能会感觉到没有时间尝试这种方法。

我们也尝试发现不同的发展阶段在生命周期相交的时候是否同步（戴维斯和塔居里，1989）。比如：

(1) 个人的生命发展阶段可能与所需的变化同步或者不同步。企业制订正式继任计划的最好时间可能是在创始人五十来岁而继承人在三十来岁的时候。对"五十岁"的合适发展任务是放手并为"三十岁"的人做好准备,因为这些三十来岁的继任者正处在他们生命中最富有成效的时候。

(2)避免出现伊丽莎白女王/查尔斯王子综合征,也就是长辈一直抓住位置不放,直到潜在的继承人已经年届退休。有趣的是,在戴维斯和塔居里(1989)对89组父子的研究中发现,父子之间和谐、尊重的关系出现在父亲五十来岁、儿子二十五岁后到三十出头这段时间。这份研究再次肯定了我们有必要仔细地关注人们在整个生命周期中不断变化的目标、任务和挣扎。这也提醒我们,制订继任计划和需要代际间配合的其他计划的时机有好有坏。

## 转变的动力

我们可以把生命周期之间的过渡阶段看作是生命空间的中断,结果是造成压力和紧张。葛瑞娜(1972)把成长阶段中的危机时期描述成"革命阶段"。管理层如何处理各个危机阶段直接影响到它进入下一阶段的能力。这个道理也适用于家庭和个人。布里吉斯(1980)则将此称为辞旧和迎新之间的混沦时期。弗拉姆豪茨(2000)认为成长之痛来源于组织规模与必要的基本面之间的缺口,他把这种缺口称为"组织发展缺口"。组织在这个阶段,压力大,容易暴露问题。

组织成长之痛的症状包括[1]:

(1)人们感到每天的时间不够用;

---

[1] 引自E. G. 弗拉姆豪茨的《成长之痛:从创业转变为职业化管理企业》(Growing Pains: Transitioning from an Entrepreneurship to a Professionally Managed Firm)。John Wiley 和 Sons 2000 年版。经 John Wiley 和 Sons 公司许可后重印。

（2）人们花太多的时间"救火"；

（3）人们注意不到其他人在做什么；

（4）人们对企业前进的方向缺乏理解；

（5）优秀的经理人太少；

（6）人们感到如果想要把事情做对的话，只能自己亲自做；

（7）大多数人认为会议是在浪费时间；

（8）计划制订后很少有跟进，所以事情就这样完不成；

（9）一些人对他们在企业所处的位置有不安全感；

（10）企业在销售上持续成长但是在利润上没有成长。

每个变化都包括抑制力量（比如，不能超前思考、不能跟上新的增长，或者 CEO 不能走出"美好的往日时光"）和驱动力量（比如，共同的核心价值观、准备就绪的基本面，还有代与代之间的相互尊重）。这两种相对立的力量在过渡阶段会较量。这在继任过程中通常表现明显，老一代人牢牢抓住过去不放，新一代人铆足了劲儿想变革。

对于顾问来说，其意义是在这个临近危机的时刻里充满了混乱与不确定。危机理论告诉我们，在此期间，一个最小的力量也可能会造成最大的影响。这是一个有危险机会的时段：普通的防御手段被削弱，基本面被拉升到了极限。但是，正因为客户寻求变化的能力和动机在增强，我们应该假设变化正朝着正确的方向发生。这段时间我们正需要敏锐的评估技能来衡量客户变革的能力、可使用的资源、抑制力量和对抗。记住，客户对事件的定义和反应要比事件本身复杂得多。埃拉·惠勒·威尔考克斯（1936）的诗《命运的风》完美地捕捉到了这一点：

《命运的风》

一艘船驶向东方，另一艘驶向西方，
吹动它们的风来自同一方向。
是那整套风帆
而不是风
指引我们远航。

我们在生命之海里驶航，
命运之路如同海上的风一样。
是灵魂的类别
决定生命的目标，
而不是宁静或者争嚷。

你需要找出客户是如何定义问题的，以及从客户的角度如何界定问题的维度。不要假设你知道危机对客户系统的影响，因为你以为可以产生巨大冲击的问题可能只引起轻微的不安，也可能你认为不会造成太大影响的问题却后果严重。根据其他人的观点，凯瑟琳·格雷的精神疾病暗示着会持续一生的变化；但从她的角度看，这可能都不是一个问题。价值观和精神模式会影响我们的失落感，对一个人重要的事情不一定对另一个人也重要。问问你的客户："这件事对你有什么影响？""现在要解决的最难的事情是什么？""你过去是怎样处理失去和危机的？""哪些方法有帮助？哪些反而会带来伤害？"

## 评估客户突破各发展阶段的能力

我们要帮助客户朝着正确的方向前行，辅导他们度过各个发展阶段，重要的一件事是评估与正面的和负面的结果相关的因素，包括：

（1）客户目前的适应能力（客户是否具备有效解决问题、沟通和谈判的能力）；

（2）客户的资源（客户是否有社会、情感、财务资源，以及其他支持体系可以帮助管理过渡）；

（3）管理其他过渡的成功先例；

（4）告别过去的能力；

（5）执行必要的计划工作和跟进必要的步骤进入下一阶段的能力；

（6）客户的自我意识（客户是否能够识别矛盾、焦虑、否认等，以及是否有能力在顾问的帮助下管理这些情绪）。

## 给顾问的指导原则

当我们和客户开始努力突破这些发展过渡阶段时，发现以下这些指导原则有所帮助：

（1）从客户的角度回应对紧急事件或者危机的认识（尽管我们作为顾问可能没有把目前的情况看作是危机，但是从客户的角度看，这个情况却很重要）；

（2）告诉客户在这个阶段有负罪感、愤怒、极度的乐观或悲观都很正常，让他们安心；

（3）在评估后给出一个对当前情况的现实理解；

（4）提供一个套路感受和差异的机会；

（5）知道何时推进，何时放缓；

（6）呈现这是一次新的学习和思考的机会，而不是仅仅从烦恼中简单地解脱，或者从当前不舒服的状态中逃离；

（7）理解客户以前如何处理类似问题的（问他们对当前形势的认识，已经采取过什么措施，帮助他们管理所面对的过渡危机。然后让他们描述将如何处理、如何向前走。问他们学到了什么，未来要做什么？）

## 对实践的启示

我们现在把注意力转向上述有关生命周期的理论如何影响客户生活和我们之间合作的方式的问题上来。我们已经整合了来自家庭系统、危机干预、发展心理学、组织发展和整个系统变革的诸多概念，以便理解危机带来的挑战、未解决的问题和未完成的任务。我们需要跳出简单的因果来思考，尝试理解过去不是简单地决定未来。在持续运动中的许多变量会在任何时间发生变化。但是，发展框架可以让我们能够窥探到过去的某个黑暗角落，并指明未来需要做什么。例如，第三章里提到的莫特·托马斯一直为逝去的妻子谢莉感到悲痛，他也不能放手企业让下一代去接管。他不能完成对准备放手来说很有必要的"能预见的悲哀"。家庭系统治疗师广泛接受的一种观点是，未解决的失去和悲哀与继任的几代人之间的冲突相关（保罗，1974）。内部和外部的力量在各个阶段的结合会在"外成性过程中"（Epigenetic Process）决定下一个阶段的成败，因为在外成性过程中，每个阶段都建立在之前阶段的成就上。当前的状态是过去的变化和过渡的总和。比如，简的一个客户想分割财产，让他的儿子能够得到一家保险公司和用来做写字楼出租的地产。其他三项财产主要是他儿子不想要、他也不想再管的房地产。所有的外部顾问都认同这是出售这些地产的好时机。他推迟和回避了这个按照理性看本来是最好的决定。最终，他承认害怕出售是因为他祖父母一直重申："绝对不要卖掉土地和房产，这是唯一真正存在的财富。"他不能忘记这些话，而且相信如果自己在七十九岁时卖掉这些房地产是"违背"了祖父母的话。在和简讨论了这个问题后，他意识到时代不同了，自己需要根据当前的现实来做决定。在此之后，他便卖出了这些地产。

## 未尽的任务

第一章中提到的怀特一家，因为出售企业，孩子们过早地变得富有，本来接着要问的问题是："在他们生命的早期阶段需要教导些什么？""我们对金钱和责任有什么理解？"企业所在行业的波动这种外部力量会导致出售企业都是之后才被问及的，因为孩子们还不成熟。这和父母没有在孩子生命的早期教会他们责任和培养他们的成熟有关，这就是未完成的任务。为了推动变化，顾问必须重走这一步，和家庭一起决定当前要做的工作，以此来为将来做好准备和弥补过去的缺失。如果孩子们开始能够聪明地打理他们的财富，他们就必须承担起责任，变得有担当。

另一个普遍的例子发生在家族企业的第二个阶段，这个阶段需要的是基础建设、担当、业绩评估和清晰的沟通。如果家庭把情绪带到企业里去，沟通不畅，没有担当，那它要进入和渡过业务的扩张阶段会非常困难。

非正式的继任程序早在正式程序启动前几年就开始了。长期的非正式程序包括不管子女是否愿意接管企业，父母都要把他们抚养成为有责任感和独立性的成年人的所有任务。如果非正式的继任程序不成功，那么在相对较短的时间内就要发生的正式程序（当相关文件签署那一刻）也不太可能成功。

## 未决的争议

> 我们生命的前半生被父母毁了,后半生被孩子毁了。
>
> ——查尔斯·达洛

另一个未完成的事项就是"包袱",这个未解决的问题一代传一代。第三代兄弟姐妹之间重新把父母的旧怨重提的事情不是不常见。例如,三个兄妹拥有和管理着已经传承到第四代的酒店,还在为酒店到底要做多大,以及到底要不要在旁边建一个小型高档熟食店争论不休。他们的父亲,也就是兄弟俩,在把酒店交给他们的儿子们时就为此争吵,到这代人还在吵。在生意萧条的时期,父亲们和子女们开了一次战略规划会,引导他们做出决定。他们决定是时候开始多元化了,也决定开一家紧邻的熟食店。皮特曼(1987)把这种不能做出必要变化的情形称为"阻碍点"或者"核心不灵活"。顾问必须要问:"是什么阻碍了家庭做出这些变化的能力?"对企业也要问同样的问题。顾问通常都应该考虑对三代人的想法(至少是三代)做评估。个人、家庭或者组织子系统的家系图是回顾过去和定义关键事件和问题的有用工具。

## 停滞的发展

家族成员的技能、才干和工作道德能够匹配企业的创业阶段,却不适合需要更专业的技术和管理能力的下一个阶段。渐进式的发展要求在人员、功能、结构上都有发展变化。在这一点上,新的行为和管理变化要好过一成不变,而且将成为主导的形式。在这个案例中,顾问应该问的问题是:"保留家族成员是否现实?""如果不是,变革需要什么?""怎样才是对待忠诚的家族成员的最好方式?"以及"家族是否能活过第二序位的变化?"

## 偶然的转变/不连续的变化

离婚、能力丧失和死亡会在家庭发展周期里引发暂时的或长久的弯路。例如，在丈夫过早地去世后，凯瑟琳·格拉汉姆带着悲伤，自尊感很低地接管了《华盛顿邮报》。她最近也去世了，但创造了令人尊敬的成功职业，这在她丈夫自杀前从来没有计划或准备过。她在《个人历史》（Personal History，格拉汉姆，1998）一书中讲述了自己的故事。

另一方面，当两个儿子分别突然意外身亡的悲剧打击了宾汉家族（路易威尔报业家族）两次时，这个家族并没有从悲伤中恢复。《家长》（帕特里亚克，提夫特，琼斯，1991）详细讲述了这个家族的历史是如何在各代继承人的争吵、悲痛和嫉妒中毁灭的。最后，父亲老巴利出售了企业。两个儿子的死亡并没有造成家族的坍塌，但是读者可以了解到许多关于家族对两名成员离世的反应，预测到当事情变得困难和情绪化的时候，他们没有技巧，也未曾练习过如何处理生产工艺、谈判和解决危机。正如布朗（1993）提到的，"这个家族生命周期中失去家庭成员的时间问题和两难处境会影响家族面对困难时的风险……早年的寡妇生活，早年的父母过世，以及一个孩子的死亡都是失去的例子，经历了和正常家庭发展不一致的过程。"

顾问必须经常透过事件表面看到背后的模式和潜在的暗流。一些决定并不是基于现在的情况而是基于过去的情况做出的。顾问要想意识到这些，就要询问那些能够照亮过去的问题，因为过去会影响到现在，也会威胁到未来："那么，你为什么觉得你现在做决定有困难?""你拿到了哪些信息，让你基于此采取这些行动?"

## 危机：机会和风险

简单来说，危机就是即将发生变化的那一刻事情的状态（皮特曼，1987）。有时候，危机让我们吃惊，比如死亡或者经济突然衰退；但其他时候，危机是由我们自己所做的事情造成的。例如，如果在系统从一个阶段向另一个阶段演进时，我们不为发展过渡做好准备，那这些平常的事情就可能变成危机。影响家族企业的过渡点包括继任、退休和个人发展。有许多人写过有关过渡点动力学的文章，作为顾问，我们应该让自己熟悉呈现出来的风险和应对计划。莱文森（1978）、葛瑞娜（1972）、皮特曼（1987）和布瑞吉斯（1980）都强调危机和过渡阶段有关。事实上，莱文森使用过"中年"危机这个词来描述潜在的混乱时间。在这段时间里，男人"开始意识到他们人生的夏季已经结束，秋天很快就会到来。"在这段时期里，第二阶段的变革就很有必要了。

危机干预的概念主要是在对群体和社会面临灾难的研究中提出的，后来被用到家庭、组织和个人功能上。人们通常的反应都是不相信，紧随着是否认、愤怒、质疑阶段（为什么是我们）。最后，他们接受并向前走。危机可以来源于内部，比如瘾癖或者死亡；也可以来自于外部，比如工作场所的暴力或者社区灾难。家庭、个人或者组织都会遇到需要创新的问题解决模式才能处理的问题，必须要找到新的解决办法。这里有两种危机类型：①渐成型，发生在一个系统正常的发展过程之中；②偶然型，由不可预计和不可计划的事件引起，通常都和失去有关，比如战争、经济萧条或者疾病。但这种危机有时候又和获得有关，比如彩票中奖、三胞胎的诞生或者引起销售大幅增长的无法预见的市场变化。还有第三种类型，即混合型危机。例如，一个需要特殊照顾的孩子出生。

如果在非正式继任过程中没有规划继任，那么，随着时间的推移，正式的继任过程就好像意外型或者混合型危机，而不是本应该出现的发展变化。如果发生这种情况，继任过程能够被成功管理的机会就比较小。顾问应该要能告诉客户需要为哪些事件做好计划、需要准备什么，以及如何帮助家族企业应对这些意外的、从未计划过的危机。

## 帮助客户管理压力

许多企业家都是在三十来岁的时候创业，这个年纪也是他们组建家庭的时候。他们经常长时间工作，给家庭留出的时间不多。这些时间和承诺带给婚姻、企业和家庭成员压力。夫妻常常认为"如果你不能搞定这些企业家，那你就加入他们的行列"，之后创业一方的配偶也加入了企业。许多第二代的成年人都说曾经很多时间都在企业里做家庭作业或者等父母下班。这种发展过渡会扭曲客户的生理、情感和财务资源，给生活带来许多压力。

在过去的五十年中，研究者探索了压力和疾病之间的关系。我们知道压力会造成焦虑（反之亦然），而且会导致生理、心理、情感和行为问题。压力会侵蚀我们的灵魂，刺激许多引发早期衰老的因素（罗伊森，1999）。事实上，压力会变得很大，以至于系统会代谢失调或者处于一种消耗状态，到达一个习惯的无法约束的不断变化的点。在任何真正的指导和学习发生之前，压力和焦虑必须得到处理。有人认为家族企业处于长期焦虑和压力的状态。症状可能是应对压力的结果。例如，一名不情愿接班的继任者可能变得沮丧或者表现出其他的生理疾病，以此来回避成为企业未来的领导人。对父母来说，这种反应可能比不愿接管企业更容易接受。

有压力的人和他们的影响存在高度的个体化差异。对一个家庭、企业或者个人来说的压力可能对其他家庭、企业和个人而言就不算个事儿。一次家族静修会可能会沉积成一次危机，但是销售的下滑可能被从容应对。

很重要的一点是，顾问不要自己假设家庭和个人经历的压力水平；还有就是要意识到事情本身不是关键，关键的是人们对事情的反应；重要的是确认为什么这次变化，不管是计划内还是计划外的，对这个家族企业来说很困难或者不可能实现。

**家族企业体系中压力增大的信号**

（1）即使是小的焦虑也难以应付；

（2）容易发火或者对其他人和工作的不耐烦程度增加；

（3）睡眠、饮食和运动的方式被打乱；

（4）即使是很小的问题也很难处理；

（5）身体出现问题，比如高血压、感冒的次数增多，或者患其他疾病；

（6）缺席和迟到的情况增加；

（7）不能完成工作；

（8）忽视其他社会、社区联系；

（9）很难接受和用好意见。

我们的身体一般会对压力做出战斗或逃跑的反应，如我们的心率、肌肉紧张程度和呼吸频率增加，胃部紧张并开始分泌更多胃酸，并处在持续隔离的状态。抗压强的个体和家庭能够停止这种反应，而且通过不同的方式做出放松的反应，包括：

（1）看到更大的图景；

（2）把发生的事情看作挑战而不是压垮的威胁；

（3）相信他们能够控制发生的事和公司；

（4）用勇气和幽默对待生活；

（5）相信精神的力量，把自己看成是更大整体中的一部分；

（6）对工作、他人和生活做出承诺；

（7）保持好的身体健康习惯，比如规律睡眠、健康饮食和锻炼；

（8）发展和维护社会关系；

（9）用他们的方式生活；

（10）通过冥想、身体锻炼和娱乐定期进行这种放松反应（与战斗/逃跑相反）。

顾问必须和客户合作决定先处理什么——压力反应还是问题。另外，因为顾问是在几个体系的边界上工作，我们也需要管理好自己对客户和工作的压力反应。

## 继任

尽管关于家族企业继任的问题有很多著作，管理继任仍然是对家族和顾问的挑战。我们要认识到继任通常会涉及所有权或者管理权或者两者的过渡。以下内容介绍了我们在和尝试管理继任的家族企业工作时使用的一种方法。

在继任阶段之后，如果继任是需要管理的关键问题，那么我们通常会试着创造成功过渡的条件。戴尔（1996）此前概括过这些条件，而且描述了在家族、企业、所有权/治理系统中发现的"最理想"的条件：

### 家庭系统中的条件

（1）家庭在关于什么是公平和平等上有共同看法；

（2）家庭对无法预计的紧急情况（死亡、关键经理人的生病）做了计划，而且因此制定了买卖协议等；

（3）家庭能够成功管理冲突；

（4）家庭有更高的目标和对未来的清晰愿景，他们在企业是否一直由家族运营，或者移交给职业管理团队运营，或者出售都有共识；

（5）家庭中的信任程度高。

**企业系统中的条件**

（1）过渡在企业相对健康的时候就开始进行；

（2）创始人/家族领导逐渐从积极参与企业运营的状态中退出；

（3）为继承人精心设计的培训和社会关系计划，继承人能够得到辅导；

（4）创始人/家族领导和继承人之间有相互依赖的关系。

**治理/所有权系统中的条件**

（1）权力关系清晰；

（2）董事会有必要的专业能力与家族一起管理继任问题。

咨询的目标是在三个系统中创造上述成功的条件，提高继任的成功率。这项工作通常涉及以下干预：

（1）评估当前的所有权结构，做出继任后所有权的结构图；

（2）评估当前家族遗嘱的状态或者其他紧急计划，比如买卖协议；确保这些文件/计划与继任计划保持一致（尽管有继任带来的挑战，但在大多数案例中，客户在这些方面几乎没有开展工作；顾问必须帮助家族对各种法律文件把好关）；

（3）制定选拔、培训和辅导未来继承人的过程；

（4）开展家族团队建设来增强信任、解决冲突、建立共同目标和价值观，而且增强家族内部成员的关系；

（5）为创始人/家族领导和潜在的继承人提供教练和职业发展计划，让他们对过渡有所准备；

（6）组建一个有效的董事会（或者其他形式的委员会，比如财产管理委员会或者家族委员会），提供讨论重要业务和家庭问题的平台，帮助督导过渡过程；

（7）确定如果企业要发展，目前在管理和组织的弱点（这常常涉及组织基本结构、体系和过程的改变）。

琼斯家族就是一个继任咨询的好案例。琼斯家族在四兄弟被父母要求接管企业，而四兄弟对父母的动机存有疑惑时，委任吉布做顾问。尽管父母有意把企业的管理权移交给四兄弟，但他们想继续持有所有的财产。因此，儿子们不知道父母到底是否信任他们四个人。这个情况是在咨询评估阶段被发现的。为了纠正这个情况，吉布采取了一些办法：

（1）组织家庭团队建设来解决冲突、打消疑虑和建立信任（在团队建设过程中，当他们能够在安全的氛围里开放地表达自己的感受时，家庭成员持有的许多误解被化解）。

（2）帮助家庭确定一个继承人（幸运的是，在这个案例中，有一个儿子是无争议的领导。他刚刚获得 MBA 学位，做好了接管企业的准备。他的父母和兄弟也都希望他来领导。兄弟们同意不管他们在企业中的职位等级，所有人都拿一样的报酬，象征性地表达所有兄弟都被平等对待的事实。这有助于减少经常出现的因为一个家庭成员得到了更重要的职位引起的嫉妒）。

（3）从非家族成员那里收集信息，确定组织需要解决的问题［后来，这家公司通过重组减少了管控范围（以前公司里所有人都要向创始人汇报），而且建立了系统提高信息共享的水平和责任］。

家庭和顾问一起采取了以下步骤：

（1）重组了董事会，吸纳了家族外的人员，在日常的功能上更像一个董事会（之前，董事会成员很少碰面，即使开会，往往也是家族成员之间非正式的信息交流）；

（2）重组了所有权，在企业里只保留了积极参与业务的成员，而财产则与不在企业中的家庭成员共享（不在企业工作的家庭成员倾向于他们的继承财产不要和四兄弟和企业的绩效挂钩）。

我们通过这些干预，加强了家族关系和团结；组织也为变化做好了准备，理清了所有权的过渡，

而且创始人和继承人发展出了成功的工作关系。结果，这家企业平稳过渡，并在新的关系下继续成长。

**对继任计划的对抗**

汉德勒（1994）写过关于对抗的论著。在她的模型中同时列出了在家族企业继承中助长和减少对抗的因素（见表6.4）。汉德勒把这些帮助或者阻碍继任过程的因素分为四个层面：个人、人与人的关系、组织和环境。这份目录为评估和计划提供了系统性的视角。

表6.4　　　　　　　　　汉德勒的对抗继承模型

| 助长对抗的因素 | 减少对抗的因素 |
| --- | --- |
| 个人层面<br>　身体健康<br>　缺少其他兴趣爱好<br>　用企业来做自身定位<br>　长期保留控制权<br>　惧怕衰老、退休和死亡<br>　回避自我学习<br>　回避技术性意见和咨询 | 个人层面<br>　健康问题<br>　有其他兴趣爱好<br>　把责任分配给其他人<br>　有开始新生活和职业规划的机会<br>　有自我反思能力<br>　寻求技术性意见和咨询 |

表6.4(续)

| 助长对抗的因素 | 减少对抗的因素 |
| --- | --- |
| 人与人关系层面<br>　　沟通不开放<br>　　极少的信任<br>　　继承人不感兴趣或者表现得不感兴趣、缺乏经验或者不合适<br>　　极少的培训<br>　　权力失衡<br>　　家族冲突或者问题渗透到企业<br>　　核心和扩展家庭成员是潜在的继承人 | 人与人关系层面<br>　　鼓励真诚、充分沟通<br>　　高度信任<br>　　继承人表现积极、有能力参与业务<br>　　鼓励辅导和练习<br>　　分享权力<br>　　家族动力与业务利益分离<br>　　只有一个孩子是潜在的继承人 |
| 组织层面<br>　　文化威胁组织发展<br>　　组织成长稳定<br>　　保持着有助于单向控制的结构 | 组织层面<br>　　文化强化组织的持续性<br>　　未解决的组织危机<br>　　组织结构能存进功能分配 |
| 环境层面<br>　　企业所处环境没有问题<br>　　行业进入要求多<br>　　需要特殊的专业技能 | 环境层面<br>　　企业所处的环境有问题<br>　　行业进入要求少<br>　　极少有特殊专业技能要求 |

来源于汉德勒（1994）。经家族企业学会许可重印。版权所有。

兰斯伯格（1988）也曾写过家族和企业对抗变化的《继任共谋》。他指出，"创始人、家族、所有人、高级经理和其他利害干系人往往对继任计划都有过辛酸、矛盾的感受……这些感受导致他们延迟制订计划。"作为家族企业顾问，我们经常试图找到一种符合道德的让客户能感受濒死经历的方法来激发他们考虑继任问题。

因为创始人可能感到继任计划像是为他们准备葬礼，所以在处理继任问题过程中，他们感到对抗、愤怒和压抑是常见的情况。我们已经发现进行一对一的咨询，让他们把自己的感受在家族会议上分享很有帮助。这种体验会让他们处理好这些困难的问题。还有，让创始人和家族领导与其他成功实现了继任的家族企业领导交流也有帮助，而且他们还能获得要做出变化所需的社会支持。

## 仪式的重要性

家庭和企业里的仪式是为了加强和庆祝过渡，能够制造出一种新的现实。仪式既有象征意义，又是一个真实事件，它为过渡事件和告别过去赋予意义，在特定的时间和地点进行，尽可能不要受到干扰。仪式对于保留和培养家族认同感、建立家族文化和联系很重要。家族委员会会议是一种仪式，家族静修会也是一种仪式。仪式对家族中的过渡也很重要，它标志着时间的流逝和身份的转移，能够纪念过去、展望未来。当一对夫妇开始在一起生活，他们就会选择仪式。这些仪式可以来自原生家庭，也可以是自己创造的全新方式。过渡仪式是传统社会组织生命过渡和提供庆祝机会的方式。

顾问可以帮助家族创造纪念生命流逝的仪式，标示出变化和加强家族认同感。大型的仪式可以像是家族委员会，而小型的仪式则可以类似母亲和媳妇"埋葬"掉旧怨。仪式有三种（本内特，沃林，麦克阿维提，1988）：①典礼仪式，比如婚礼、葬礼和洗礼；②家族传统仪式，比如度假、周年庆、聚会和特殊的聚餐；③模式化的事件或者例行程序，比如定期的晚餐、每日的问候与道别，或者休闲活动。

在帮助家族企业突破一个重要的过渡中，顾问可能会发现用一种仪式或者创造新的方式有助于管理这个过程。比如，顾问可能发现帮助家庭开展一次仪式——像组织年度家庭静修会或者庆祝来认可个人的成长、组织的成功，或者评估家族企业的走向和未来的计划——能够帮助家族预见和管理这些发展过渡。某些家族仪式还可以用来宣布关键决定，分享信息，甚至收集能够帮助客户通过不同过渡阶段的信息。

总之，帮助家族企业通过发展过渡期是家族企业顾问常见的工作。要成功做到这一点，顾问必须：①理解个人、家庭和企业处在各自发展周期的哪个阶段；②诊断与不同步的各个阶段关联的问题，或者确定哪些是需要解决的"遗留任务"；③制定和执行干预，帮助个人、家庭和企业渡过这些发展阶段和处理好与之相伴的抵触，尤其是继承问题，因为对大多数家族企业来说这都是关键。顾问要帮助客户创造出能够促进成功过渡的条件。

在第二部分中，我们已经讨论了反馈、计划和行动研究框架的各阶段。我们还描述了个人、家庭、企业相交的生命周期中出现的挑战和机会。在第三部分中，我们将谈到在家族企业咨询中所需的特殊技能、道德问题和特殊情况。此外，第三部分还包括我们对经验丰富的顾问所做的采访，来看看他们从事这项工作时的收获与挑战。

第三部分

# 家族企业顾问

# 第七章　家族企业顾问的技能和道德

当开始讨论怎样才能成为一个成功的家族企业顾问时，我们先展示两个案例和相关问题。这些问题会引出那些能帮助客户的领悟、知识和技能。

> **案例**7.1

朱迪思是一家中型企业的人力资源总监，她打电话给你这名组织发展顾问，想对公司的员工做一些团队发展。你和她签了合同先做一个评估。在评估过程中，你发现这是一家家族所有和运营的企业，由现年八十一岁的父亲保罗创办。他每天早上仍然要到办公室查看"今天发生了什么"。两个儿子管理着公司：戴维是销售副总裁，汤姆是运营副总裁。你和两个儿子谈话中清楚地发现两个儿子对父亲不能放手让他们管理公司感到困扰。父亲和两个儿子对每件事都有没完没了的冲突。父亲对请一个顾问这件事不感冒，他觉得自己一直以来都管理得很好，而且企业蒸蒸日上。他只给你二十分钟时间，你也知道他对你的想法没有兴趣。朱迪思已经没有办法了。她尝试过召开高管会议，但是最后都以两个儿子打起来，父亲离开会议收场。

（1）你应该了解所有权问题的哪些内容，也就是说，谁持有多少股份？是否有所有权转让的计划？

（2）父亲对他的年纪、继任和放权这件事情的想法，你了解多少？

（3）你脑子里想的继任计划是什么样？会如何影响冲突？

## ▶ 案例 7.2

你作为一名律师，被找去为夫妻俩设计一个遗产计划。他们有两个女儿和两个儿子。父母是一家大型汽车零售商的创始人，这家零售商已经扩展到市区的其他地方。母亲谢莉和父亲鲍勃，已经年近七十。孩子们则都是三四十岁。只有一个儿子赫布和一个女儿乔恩在企业里工作。另外两个孩子迪克和玛莎，加上父母，定期从企业收到分红。玛莎离了婚，依靠企业的分红来维持自己和一个孩子的生活。父母在目前不需要分红；他们善于投资，而且生活适度。你已经和父母一起设计了一个你认为很棒的遗产计划。谢莉和鲍勃想要确保他们对每个孩子都是公平公正的。所有文件都已经草拟好并提交给了父母。你刚刚收到乔恩打来的电话，她很愤怒，她坚持要知道为什么把公司所有权平分成四份。她不能相信你建议给那些不在企业工作的兄妹所有权！她说父母不能和她讨论这件事，因为他们从来没有直接和孩子讨论过钱的事情，都是让咨询师来做"费力不讨好的活"。

（1）谁是客户？
（2）有关家庭决策方面，你需要知道什么？
（3）你在咨询中的角色？
（4）什么是对家庭有关所有权和管理方面最好的建议？

## 自我评估

用示例 7.1 来自我评估，如果你要为上述案例中的家族企业提供咨询的话，你需要知道什么。这个评估也是家族企业学会的认证项目中的一部分。（更多关于该项目的情况，见 www.ffi.org）

## 示例7.1　家族企业顾问自评问卷

说明：下表所列的是家族企业顾问在实践中经常适用的主题。用一些时间评估你和期望的知识水平。字母所代表的意思参见注释。

| 知识领域 | 当前水平 ||||  期望水平 ||||
|---|---|---|---|---|---|---|---|---|
| | N | A | U | P | N | A | U | P |
| 行为科学 | | | | | | | | |
| 　人类发展 | | | | | | | | |
| 　个性理论 | | | | | | | | |
| 　家庭生命周期 | | | | | | | | |
| 　冲突管理 | | | | | | | | |
| 　系统理论 | | | | | | | | |
| 　家庭治疗 | | | | | | | | |
| 　性别问题 | | | | | | | | |
| 　出生序位问题 | | | | | | | | |
| 　家庭动力学 | | | | | | | | |
| 　人际沟通 | | | | | | | | |
| 　瘾癖的治疗 | | | | | | | | |
| 　家庭功能失调的诊断与治疗 | | | | | | | | |
| 　个人心理病理的诊断与治疗 | | | | | | | | |
| 　家庭功能评估 | | | | | | | | |
| 财务 | | | | | | | | |
| 　财务报告分析 | | | | | | | | |
| 　企业估值 | | | | | | | | |
| 　财务规划 | | | | | | | | |
| 　会计准则 | | | | | | | | |
| 　员工持股计划（ESOP） | | | | | | | | |
| 　保险类型与使用 | | | | | | | | |

| 知识领域 | 当前水平 ||||期望水平||||
|---|---|---|---|---|---|---|---|---|
| | N | A | U | P | N | A | U | P |
| 财富管理和投资回报 | | | | | | | | |
| 财务顾问的类别 | | | | | | | | |
| 融资渠道 | | | | | | | | |
| 资本结构 | | | | | | | | |
| 遗产和收入所得税 | | | | | | | | |
| **法律** | | | | | | | | |
| 企业所有权的类型 | | | | | | | | |
| 所有权转让方式 | | | | | | | | |
| 股东的权利 | | | | | | | | |
| 公司类型 | | | | | | | | |
| 信托结构与使用 | | | | | | | | |
| 合伙 | | | | | | | | |
| 公司董事相关法律 | | | | | | | | |
| 雇佣法 | | | | | | | | |
| 遗产规划技术 | | | | | | | | |
| **管理科学** | | | | | | | | |
| 业务与战略规划 | | | | | | | | |
| 组织设计 | | | | | | | | |
| 组织发展 | | | | | | | | |
| 工作与职位设计 | | | | | | | | |
| 管理理论 | | | | | | | | |
| 领导力理论 | | | | | | | | |
| 组织文化 | | | | | | | | |
| 工作流设计 | | | | | | | | |
| 变革管理 | | | | | | | | |
| 团队建设 | | | | | | | | |
| 绩效评估 | | | | | | | | |
| 教练与咨询 | | | | | | | | |

| 知识领域 | 当前水平 ||||  期望水平 ||||
|---|---|---|---|---|---|---|---|---|
| | N | A | U | P | N | A | U | P |
| 管理者继任 | | | | | | | | |
| 薪酬体系 | | | | | | | | |
| 生产与运营管理 | | | | | | | | |
| 组织评估 | | | | | | | | |
| 系统理论 | | | | | | | | |

经家族企业学会许可重印。版权所有。

当你完成表格后，回答以下问题：

（1）你认为哪个领域你要加强学习？

（2）哪个领域你有足够的知识和技能？

（3）你如何学习更多知识？

（4）还有什么领域你想加入表格？

（5）列出未来 12 个月你想学习的具体目标？

## 必备的知识和技能

在 20 世纪 90 年代中期以前，家族企业咨询没有一个统一的、多学科的模式。许多被称为家族企业顾问的善意的顾问都不具备必需的技能和训练。没有这些知识和技能的整合，传统的方法不足以解决情感和企业的复杂问题。这种状况仍然存在，因为没有最新证据显示家族企业失败的数字有所减少。但是，好消息是人们开发了一些培训项目，可以增加这个领域的专业性。在不久的将来，家族企业可以看到他们的顾问受过适当训练，也具备相关经验，可以真正被称为家族企业顾问。

正如前面提到的，家族企业学会的知识体系委员会从1995年组建以来，已经确定了"核心专业能力"中的基础知识：行为科学、管理科学（包括组织发展）、法律和财务。这并不是要求家族企业顾问在四个领域都成为专家，但是仍然期望他们：①在自己的核心专业领域成为专家；②对与家族企业相关的其他专业的关键问题有所理解；③具备知道何时把客户推荐给其他顾问的知识、训练和经验；④对贯穿所有专业的领域有所理解。我们在这几项之外，增加了"自我意识"作为在这个领域有效开展工作的关键能力。

**自我意识：自我管理和使用**

"我们不是以事物本来的样子看待它们，而是按照我们自己的样子看待它们。"

—— 塔木德

许多家族企业顾问都来自于家族企业，他们的经验会影响他们的工作。如果他们不能处理好这些经历，不管是消极的还是积极的，他们自己的偏好就会占据主导。来自于组织发展和治疗领域的顾问接受的训练是要考虑他们过去经历对工作的影响；但会计师和律师就很少考虑这点。而我们的经验是，在家族企业中，情感的强烈程度如此之高，以致于那些以前的、自动自发的反应模式会被激发出来。正如奎德和布朗在《神志清醒的顾问》(The Conscious Consultant)一书中讲到："如果我们不能意识到自己重要的方面，就会用连自己都不知道的方式影响客户，很可能出现反应性变化。如果我们能够意识到自己能力的局限性，就能把缺失的知识加入计划，始终主动地促使自我改变。这样，我们能够持续成长，运用我们的强项，弥补我们的弱项。"

比如，一个顾问在她自己成长的家里扮演"和事佬"的角色，那么她对冲突的自动反应就是试图很快平息冲突。但这不总是最好的应对方法，因此她要对自己倾向使用"打圆场"的方法有所意识。有些时候，家庭还没有做好解决问题的准备，这种干预就还没到时机成熟的时候。再比如，另一个顾问在自己家里是一个问题解决者，他对挑战的第一反应就是尽快解决问题。对他来说，必须记住不要仓促判断和给出解决办法，而是要开始提问，发起一次对话。这些自动自发的反应可能是强有力的技能，但是不能反应性地使用。

第一步要理解什么情况可能带给我们最大威胁，因为当我们感到威胁、受伤害或者不能应对挑战的时候，我们会恢复到"自动自发"的保护行为模式。所以，我们要清楚这些威胁到底是沉默？冲突？还是不确定性？第二步是要知道我们最可能如何反应。第三步就是去管理这些反应。这样我们才能有效地、有目的地、有策略地，而不是自动自发地去解决客户的问题。比如，一个顾问成长在一个家族企业中，父亲是个独裁者，母亲是个受气包。这个顾问就很难搞定强硬的、管控力强的男性企业主。当他能管理自己的反应时，他就能很有效地应对这些客户，因为他从一个大师那里学习了如何处理。如果他失去了对自我意识的管理，就会变成一个不敢说话的小孩儿。

如果我们能够看到自己的触发因素，我们就能较少地受到家庭拉力对我们的影响，这种力量在处于危机中的家族，特别是家族企业中非常强烈。我们要做好自己的情感工作：

（1）我们不要把自己的反应和其他人的反应混淆；

（2）我们能保持头脑警惕；

（3）我们能有勇气迈进艰难的时刻；

（4）我们能够用自己的感情作为提供解决方案的信息来源和钥匙，

而不是把自己的感情表现出来。

我们在高度情绪化的体系中利用和管理自我情感的方法在不同学科中有不同的定义。治疗师把这些与客户相处阶段的感觉称为反移情，或者客户人格的作用，或者呈现了顾问过去的一些经历的素材。比如，与富豪家族企业家工作可能导致那些成长在家境窘迫环境中的顾问的嫉妒和愤怒，他们还可能不接受一直被娇宠的小孩儿。顾问需要知道自己从父母那里得来的有关金钱的信息如何影响到自己与客户之间的工作。戈尔曼（1995）在《情商》（Emotional Intelligence）一书中提到主导性向是一种不让情感主导我们思考和计划的能力。阿吉里斯（1991）说"防御性反应"会阻碍学习。莫里·布朗（1976）用了一个术语叫"差异化的自我"来描述一个人的"智力会与情感系统独立工作"。这些作者从不同的角度都说了同一件事：要想有效率，我们需要把我们的感受、思考和行动分开。我们能提升工作质量的一个最好办法就是管理我们自己、监控我们的反应、意识到我们的个人事项。

不管叫什么，自我意识会决定我们的强项、弱项、过敏反应（我们持有强烈负面反应的情况，通常是过去没有能意识和管理这种情况的结果）、个人事项和情感诱发因素。这不是说我们要超然或者中立，而是要确定在客户的情景下正在经历什么，能够以客户的最大利益为出发点恰当地运用好这些感受。有句名言用在这里正合适，"我们不能把客户带到我们都没到过的地方"。如果我们都没能处理好自己家里的幽灵，我们也不能帮助客户处理好相似的问题。如果我们自己没有在那条路上栽过跟头，我们就没法带路。是否知晓客户与我们自己的情况，以及如何管理客户与我们之间的边界，会决定我们是成功的顾问还是失败的顾问。

但是在我们把感情放在一边之前，应该审视并问问自己它们是否有用。如果我们感到困惑、沮丧，那么其他人可能也有同样的感受。比如，一家公司的总裁开始意识到自己这种"自发"的反应来自于小时候身为长子很早就参加工作供养家庭，他必须要努力才能挽救家庭。彼得·德鲁克（1999）指出："要管理自己，就要定期问自己某些问题，因为知识经济的成功来自于那些能认识自己的人——他们知道自己的强项、价值观、如何最有效工作……因此，自我管理的需要对人类事务造成了革命。"我们改编和扩展他所列的内容如下：

（1）我的强项是什么？

（2）我如何执行？

（3）我如何学习？我如何关注诱发因素？

（4）我的价值观是什么？我如何判断客户的价值观体系？

（5）我从自己的家庭接收到的性别问题是什么？

（6）我在自己家里的情感角色是什么？和事佬？麻烦制造者？小丑？现实主义者？

（7）我在自己家里的责任是什么？

（8）我在家里没有讨论过的问题是什么？我现在如何处理的？

（9）我讨厌哪些人和事？

（10）我个人所经历的很困难的事情是什么？

（11）我什么时候感到最受伤害？

（12）当我感到受伤害时，我的自发反应是什么？（不假思索的反应）

（13）我对权威人士的反应是什么？

（14）我遇到冲突时会怎么做？

（15）我成长中接收到的金钱的信息是什么？

（16）我们的家庭经历的变化和危机是什么？

我们的结论和反应可能会剧烈地影响变革管理过程。

## 顾问的家系图

画出你自己的家系图，包括至少三代。花点时间去看它的模式，还有你从家里带到生活和工作中的主要问题。与我们做家族企业工作特别相关的是权力、金钱、性别、工作、瘾癖、兄弟姐妹、代际关系、冲突和角色，以及你是否是任何三角关系的一方。然后，想想你在客户咨询上遭遇过的失败，看看能否发现任何你的家系图与这次失败之间的某种联系。

## 我能得到什么帮助来提升技能？

经验是一个人给自己所犯的错误取的名字。

——奥斯卡·王尔德

我们做家族企业咨询不可能独立开展工作。我们需要帮助、建议和来自他人的挑战。这里有一些在实践中获得支持的方法，你至少会用到表 7.1 中的一种。

表 7.1　　　　　　　　支持和建议类型

| 支持方法 | 关系 | 优点 | 不足 |
| --- | --- | --- | --- |
| 影子顾问/教练 | 一对一："幕后"，通过更有经验的影子顾问；建议的价值取决于影子顾问的经验和技能 | 关系可以提供支持和有价值的洞见 | 成本：建议质量取决于多个变量；可能需要"试错"才能找到技能和个性方面的匹配 |
| 上级 | 一对一：上级/下级关系；通常在工作或教育中；责任和权力必须说清楚 | 上级有更多经验，而且更资深；费用包含在教育或工作中 | 取决于不同情况，上级可能是指派的；员工必须听从上级的建议/意见；员工对上级负责 |

表7.1(续)

| 支持方法 | 关系 | 优点 | 不足 |
| --- | --- | --- | --- |
| 导师 | 一对一；上级/下级关系；教练和个人发展的整合 | 个人和职业指导与支持同时进行；有助于在客户的领域中找到正确方法；通常比教练关系时间更长、关系更深 | 费用取决合同；个人指导不一定受所有人欢迎 |
| 学习小组 | 小组学习和支持；理想的状况是6~12人；指导水平取决于信任还有小组会面的时间；有时候会衍生出其他会议；要决定是否需要多学科团队 | 主要是时间成本；社交网络；能知道其他人的工作；有助于建立多学科团队；意见多，能够增强解决方案的创造性 | 通常少于一个月见一次；陈述的机会取决于小组人数和会议内容；找到合适的组合比较难；建立承诺比较花时间 |

你用各种方法获得不同渠道的帮助，比如其他顾问或者学习小组，在合同中很有必要写清楚你和其他支持的顾问的责任、费用、参与实践、联系频率、工作范围、工作方式（电话、传真、电邮或者见面）。通常，密集的咨询和辅导只会是一对一的情况。但是，辅导方式如何开展也取决于各方之间的关系和建立的信任。

简参加一个学习小组已经十五年了，这个小组成员之间的信任程度相当高。通常，这个学习小组会给出或收到同时有技术和情感层面的建议。达到这个结果积累了很多年，最后小组中的所有人都相互认同这种方式。但其他学习小组可能只处理技术问题。

作为一种建议性的案例讨论模式，顾问们通常描述自己提供咨询的客户的情况，简要介绍引荐的资源、问题性质、不同系统的互动等。然后，顾问谈到他们所面临的挑战。陈述完案例后，这个顾问可能会提出问题，比如"我现在的做法靠谱吗？""我接下来该做什么？"或者"你知道哪些人可以帮我解决这问题？"顾问做好听取意见的准备很重要。为了说明这种倾听的准备，我们先说一下禅宗大师的例子：

一位日本大师接待了一名来参禅的教授。大师奉上茶水，一直不断地往茶杯里倒水直到水溢出来。教授喊道："别倒了，已经溢出来了！已经倒不进去水了！"大师回答说："就像这茶杯，你脑子里全是自己的观点和想法。如果你不清空你的茶杯，我怎么能教你禅术呢？"（瑞普斯，千崎，1994）

作为顾问，我们常常需要放空自己才能学到更多，而不是让茶杯里都盛满自己的想法。

另一个我们所需的技能是团队合作的能力。我们现在要把重点转向我们和其他顾问合作或者建立自己的团队的几个方法。

## 多学科团队

多学科合作不仅仅是家族企业咨询才有的。医院、学校、不同大小的组织都会看到个人对不同部门承担责任，但都忠于更大的公司或组织的价值。有时候我们将之称为跨职能团队。但是，为家族企业提供咨询的专业人士刚刚开始认识到作为一个团队对客户的好处，而且越来越多的团队开始提供多学科服务。长期以来，客户问题的复杂性挑战着那些想独自一人工作的顾问，甚至迫使顾问分担他们的工作。家族企业越来越多地要求以顾问团队的方式开展工作。

因为家族企业顾问来自不同背景，他们的挑战就是确定具有家族企业专业的知识结构，还有针对某个具体领域的专业知识，比如法律、财务、行为科学、家族系统、管理科学、组织发展。为了取得团队工作的潜在好处，专业人士们要清楚每个人可以贡献什么，然后才能在一起工作。这里有多种团队模式（胡佛，1999）。团队功能在工作的频次、协调水平和团队组织，以及成员对其他人的承诺方面具有连续性。团队可能做如下分类：

（1）咨询式（跨学科）：客户聘用之前就存在的团队。

（2）合作式（多学科）：来自不同学科的顾问在学习小组论坛上见面，相互了解其他人的工作，在需要的时候把另一个顾问介绍给自己的客户，或者作为自己的影子顾问。

（3）战略联盟式：来自两个或以上学科的顾问经常一起合作，但各自都有自己的业务。

（4）偶然式：顾问因为客户或者偶然碰到而认识，几乎不用协调。

（5）没有功能整合的团队：顾问相互不认识，尽管为同一个客户服务，也没有相互协作。

尽管这个领域对团队咨询的接受度不断提高，而且顾问团队会提供更好、更有效的建议这一点也得到承认，但是多学科团队仍然面临多种挑战（不管是不是传言，但治疗师群体都认为如果团队存在协调、竞争或者冲突问题，其实对客户并不好）。这不大可能像麦克卢尔（2000）在文章《领导顾问团队》（Leading a Team of Advisors）中提到的，要把顾问圈在一起就像把猫圈在一起一样难。他对顾问团队的建议是：

（1）有些问题确实需要整合才能解决（大多数家族企业问题是"整合性"的，也就是说，这些问题会同时影响家庭和企业，尽管有一些问题，比如继任，可能对两者都产生深远影响）；

（2）有具体的目标；

（3）有一位能让团队集中关注客户目标的领导，他能够很好地与企业所有者、家族、高管和其他顾问沟通。

以下是所有团队在开始工作之前要解决的问题：

(1) 谁是四分卫？谁来监督工作是否协调一致？

(2) 如何处理账单？

(3) 如何管理分歧？

(4) 谁负责联系客户？

(5) 客户如何能买多学科团队的账？

(6) 如何解决在最好的主意、建议和推荐上产生的竞争？

(7) 每个人怎么找到时间制订最符合客户需求的计划？

克拉斯诺和沃尔科夫（1998）都是律师，他们为多学科团队工作方法经常出现的整合问题做了一个很好的例子：婚前协议、遗产计划和不满意的少数股东的清算协议。他们建议，很多时候，律师都作为尽职的代笔人，而没有质疑客户想达到的某些目标是否智慧。作者提出了研究的问题，比如：婚前协议是否在这个家族企业面临的情况下有现实价值？有没有其他更好的方法？律师、会计师和保险销售人是否意识到把节省税收作为优先考虑的不足？或者，尽管意识到了，为什么他们认为客户会拒绝这些意见？传统的少数股东股权购买协议能否达到期望的好处？

温顿（1998）审视了裙带关系（雇佣亲属的做法），使用了五个角度的跨学科观点：环境、管理、行为、法律和财务/经济。她强调考虑这些领域如何互动和在一段时间内相互影响的重要性。这个更大的视角鼓励我们去审视每个案子、每个客户，用一种开放的心态，从所有方面考虑问题，做更有效的顾问。表 7.2 是我们对温顿表格的改编。

表 7.2　　　　　　　　　　家族企业问题多学科研究表

| | 法律 | 财务 | 关系 | 组织发展/管理 |
|---|---|---|---|---|
| 婚前协议 | 这是最有效的法律解决方案吗？有没有可能预防引发长期的法庭战争？是否有强制力？还有什么达成同样目标的更有效的方法？ | 是否防止不公平的赡养费？能让企业留在家族中吗？有什么婚前协议中没提到的财务影响？ | 婚前协议对夫妻和家庭的影响是什么？有什么方法能让这件事在结果和感情上都能让人接受？ | 婚前协议是否对管理和组织有影响？有没有任何附带后果？ |
| 继承 | 对所有权结构有什么法律选择？继任计划对家庭有什么法律影响？ | 上一代经济上的需要是否得到满足？如何能实现，以及他们需要什么？对下一代领导的薪酬福利怎么设计？下一代之间是否可以在业务上竞争？ | 继任者的选择会产生什么情感影响？关系和家族纽带有多强？适应力要有多强才能够有效应对继任？家族下一代是否有能力持有和经营企业？ | 所有权转移会如何影响到高管团队？新的领导结构选择如何评估？如何选出最好的领导？如何在公司内沟通？ |
| 少数股东 | 是否询问了少数股东关于出售股份的意见？他们有什么反应，法律上怎么看？少数股东存在的长期法律影响是什么？ | 少数股东是否会参与企业分红？对他们的财务安排是怎样的？是否有少数股东打折出售股份？ | 在企业里和企业外的少数股东的感受是什么？家族折扣出售股票对家族关系的影响是什么？少数股东接受股票但不在企业工作会有什么影响？ | 如何对待在企业工作的少数股东？如果有任何这样的股东，对企业有什么影响？是否有长期的策略来处理企业中的少数股东问题？ |

改编自温顿（1998）、克拉斯诺和沃尔科夫的相关内容。经 FFI 许可后重印。版权所有。

## 表 7.2 使用指南

（1）如果你不能为每一个专业障碍提出有理有据的计划问题和答案，

那么就要找一个其他领域的专家到你的团队。

（2）这些问题可以变成从多学科视角评估家族企业问题的蓝图。

（3）每个问题都要问具体，不断地微调直到你了解更多的情况。

下面是关于咨询管理主题是怎么收费的。

## 咨询费

咨询费不是一个经常被人写到的主题，但是因为各种原因也经常被讨论，包括我们的弱点、竞争和对收费标准的批评。因为家族企业咨询领域是由多个职业组成的，所以收费的方式也有所不同。你必须要确定哪种方式最适合你和你的团队。表7.3列出了几种服务收费方式。

表7.3　　　　　　　　　　　收费方式

|  | 方法 | 优点 | 风险 |
| --- | --- | --- | --- |
| 按小时收费 | 根据工作小时收费，是法律、会计和治疗专业的收费方式 | 清楚、简单、计费时间可以协商；不管是与客户面对面还是自己工作都会计费 | 有些客户觉得这种方式会减少他们与顾问的联系，特别是考虑到每一分钟都和钱有关 |
| 按天数收费 | 根据工作日收费 | 清楚、简单，按你为客户工作的天数收费 | 同上；最开始合同中约定的天数要重新协商，因为家族企业的问题从来都不容易解决 |
| 按项目收费 | 根据项目或一定工作量收费，比如家庭静修会、一次家族企业评估，或者组建外部董事会 | 根据你的经验，告诉客户要完成某一个工作可能需要的时间，让客户知道哪些项目要花钱 | 不管最后完成项目的时间长短，收费都是一样的。遇到家族企业或者独特、复杂的系统时，通常都会花比预计更多的时间 |

表7.3(续)

|  | 方法 | 优点 | 风险 |
|---|---|---|---|
| 预付费 | 在一段时间内收取一定费用,不管客户在这期间是否使用服务。比如,合同可以约定几个月 | 让客户能找到你,使用你的服务,通常是客户发现顾问已经证明了自己的效率;如果你同时做几个项目或者客户对咨询费有顾虑,或者客户想优先占用你的时间,这些情况都适合用预付费;不是按时间计费 | 如果协议里没有关于如何最好使用顾问时间和才能的约定,顾问可能会被过度使用;应该要写清楚在双方都方便的时间,而且应该理解尽可能让客户感到受关注 |
| 按产品收费 | 根据产品付费,比如,工作簿、报告等 | 简单、清楚,产品可以在服务和时间之外独立收费 | 低估或高估费用;没有很好地向客户说明产品或者做好产品培训 |
| 根据结果收费 | 根据产出而不是工作时间收费。衡量结果是在签约时约定的,可能是销售、利润、文化,比如团队的新观点、内部晋升等 | 你参与到组织的发展和收益中;不按时间收费;客户的费用在一开始就确定了;产出或者改进来自于和客户的合作;建立关系;清楚地定义了目标;对家族、企业来说都是客观实现结果的很好的练习 | 在家族企业中目标可能不断变化,有太多变量和情感因素;随着咨询进展结果可能变化;很难定义产出;结果必须客观而不是主观(有关基于价值的收费的有趣讨论参见 Alan Weiss 的《终极咨询》(The Ultimate Consultant,2001) |

## 选择咨询费计划的指导原则

现在,人们知道每一样东西的价格,却不知道它们的价值。

——奥斯卡·王尔德

我们发现以下的指导原则有助于顾问设定收费计划。

（1）选择匹配你的价值、技能、记录和舒适程度的方式；

（2）和客户说清楚他们在为什么付费，而且坚持下去；

（3）如果需要，重新协商工作内容而不是费用；

（4）收费保持一致，知道你所在的领域的收费行情，如果你要出差，需要知道其他地方的行情如何；

（5）费用包括差旅时间和其他花费；

（6）记住不是一个方法适用于所有地方，所以提前决定你对不同规模的公司、不同地区的公司，以及根据你的技能和经验水平收费；

（7）选择你想做的案子；

（8）如果费用是个问题，就和客户讨论，达成一个双方都认可的优先工作清单；

（9）记住你所带去的价值和收费；

（10）无偿服务有它自己的回报；如果你接受了这个工作，要清楚你的贡献和你同意做这项工作的原因，比如，有挑战性、能够为社会或社区有所贡献，或者将带来更多的工作或者更大的合同；

（11）当在团队工作时，提前决定你是按个人还是按团队收费（这通常是团队如何一起工作的功能；团队如果是由来自同一个学科的顾问组成的，通常都发一个账单；如果是多学科组成的顾问组成的就会分别开出账单）。

虽然对顾问来说，收费是很重要的一件事，但是不要只考虑钱这一个因素。顾问还要考虑的因素之一是职业道德，这才是我们工作的基础。接下来的篇幅详细说明了在家族企业和家族企业咨询中的职业道德问题。

# 道德问题

> 道德，就像艺术，是要在某个地方画一条线。
>
> —— G. K. 切斯特顿

道德这个词与文化群体和民族精神有同一个词根——自身、自身特点（沃特金斯，1985）。这个起源说明道德其实是关于自身的角色，我们如何看待自己，和哪些人处在关系之中，我们如何对待他人，是主导我们行为的原则，以及对善和恶的定义。道德涉及我们个人和职业上对善和恶的意识。

## 家族企业的道德

直到最近，有关家族企业道德的研究也为数不多，尽管大众文学上充满了哥特式的关于在一起工作的家族的嫉妒、贪婪和不道德行为的传说。从《家族企业》杂志上十七名"耻辱堂"入选者的故事中，我们给出四个有关不道德行为的例子：

（1）赫尔伯特·哈夫特是折扣零售商的创始人和 CEO。1973 年，达特开除了他的长子——也是总裁——罗伯特，因为他认为罗伯特想取代他。有企业控制权的哈夫特家族分裂成两个阵营。经过了四年还有之后的一次离婚，哈夫特失去了控制权，最后根据《破产法》第十一章提交了破产申请。

（2）对库佩公司控股的辛格家族操纵高收益债券的价格，频繁在公司账户和以主席嘉里·辛格的妻子和婶婶的名义设立账户间交易。这个阴谋在其 1994 年承认 21 项欺诈之前为辛格家族控制的企业"赚取"了三百万美元非法利润。

（3）莱特·埃德的创始人阿历克斯·格拉斯建立起一家零售业巨头，然后他比较大的一个儿子马丁在1995年把他赶出董事会，并且清除了办公室里有关他父亲的纪念物。马丁因为不当质押公司财产来担保一项公司银行贷款，接着又伪造有关质押的董事会纪要，而在1999年被逐出董事会。公司承认在马丁控制下触犯了各种会计法规。

（4）市值800亿美元的韩国工业联合体现代集团由独裁的郑周永创建，在一次巨大债务和两个儿子为首的小集团内讧中破产。两个最大的事业部濒临破产，另一个儿子郑创宇在1990年自杀。

亚当斯、塔什干和肖尔在1996年的《家族企业评论》中的一篇文章里报告了家族和非家族企业中的道德。作者发现家族企业和非家族企业之间的差异很小但又很重要。这些差异主要存在于传授和强制执行道德尊重的方法上。作者的结论是："非家族企业看上去主要依靠正式的方法，比如道德准则、道德培训和惩罚。相反，家族企业主要靠合适行为和行为规范的榜样非正式地在成员间流传。"

加洛（1998）研究了成功西班牙企业中的道德问题。他在描述了253个雇员的反馈后指出，从延缓启动继任、回避复杂的战略规划，或者建立一个在花钱买来的忠诚基础上的组织背后常常能感受到道德被违反。

在家族企业历史学家威廉·奥哈拉的研究之上，《家族企业杂志》的编辑在2001年春季刊上阐述了美国最老的家族企业共同的特征：优秀的基因、运气、地处农村或者小城镇、真正有兴趣提供超越股东利益的更大的使命需要、道德规范在赚钱的激情消磨以后长期存续的力量。换句话说，家族企业做得好是因为在做对的事情。

作为顾问，我们的目标应该是帮助客户维持他们的道德基础，但这常常和客户选择相冲突。我们还要帮助他们建立道德框架来审视他们的行为，以便做出恰当选择。

## 顾问自己的道德

因为顾问来自很多学科和职业，所以需要建立起一种新的职业模式。以下是帮助各个职业实现这种过渡的问题：

（1）律师会问：谁是我的客户？

（2）治疗师会问：保密问题是什么？边界在哪里？比如，我是否可以和客户共进午餐？

（3）会计师可能会问：优先考虑的财务问题是什么？它们如何能匹配家族的优先事项和价值观？家族评估中的无形财产是什么？

（4）组织发展顾问在努力解决深层次的干预时会问：我们应该如何处理家族中的冲突，这些冲突是否导致了对员工的不平等对待？

网上有一篇发人深省的实务论文《一个社会工作者对其所在的职业责任委员会的审查》指出，阿拉巴马州伯明翰市的家族遗产顾问玛蒂·卡特尔因为违反保密规定受到州社会工作委员会的审查。该委员会不承认她的工作是一个全新领域的一部分，甚至拒绝考虑制定现存社会工作实践中的指导原则和要求。作者最后的结论是，"家族企业的顾问正处在创造一个新的、与传统角色有很多不同的业务模式过程中，业务上的变化比管理机构制定的指导原则更早出现。"

尝试着制定顾问道德行为声明，家族企业学会（FFI）撰写了目前唯一的家族企业顾问道德准则，见示例7.2。

## 示例 7.2　家族企业学会（FFI）职业道德准则

2001 年 4 月通过

### 目的

家族企业学会的成员有义务保持最高的职业标准。成员来自各种不同的职业，许多职业有自己的职业准则。但是本学会成员愿意遵守下述职业行为标准。如成员所在具体专业领域的职业准则不同于如下标准，则执行更严格、范围更广或标准与敏感性更高的标准。

### 客户

在咨询介入开始的时候，家族企业顾问要以书面方式声明他/她在介入过程中代表谁的利益。如果顾问在介入过程中需要改变客户的定义，则要与所有合适的参与方沟通、协商并书面确认。

成员、成员所属的组织，以及职业协会要对客户信息和客户身份保密，未经客户书面同意不得披露。

### 职业行为

成员不能以欺骗或误导的方式展示自己的教育背景、所受训练、工作经验、职业证明、能力、技能和专业领域。

如果顾问将客户推荐给另一方，则需向客户披露自己与另一方之间的任何商业关系的性质或组织架构关系，以及是否有推荐费或费用分担。

成员同意不误传与家族企业学会的联系，也不暗示客户自己是家族企业学会的成员，持有家族企业顾问证书也不代表着受到家族企业学会认证或支持。

任何可能的时候，成员要避免真正的或认为的利益冲突，并披露给所有会受影响的各方。

成员有义务向客户提供在与客户正在考虑的决定相关的介入过程中所获得的所有信息。

成员有义务通过自学和定期参加与家族企业相关的会议和课程在各自的职业实务中与时俱进。

成员在专业活动中应公平对待所有人，不论其种族、宗派、肤色、国籍、宗教信仰、性别、年龄、婚姻状况、性别取向、身体状况或其他外表。

当发表或者公开发表他人著作时，成员要认可和尊重知识产权，包括提供最初作者和来源的明确许可。

如果可能，成员要恰当协助其他成员的职业发展并支持他们遵循职业道德准则。

成员要尊重家族企业领域的发展和成长，采取积极办法提升该领域。

## 费用

成员要在每一次介入开始时，以书面形式披露收费和费用基准；如果可能，提供该服务的预估总成本。

## 研究

开展研究的成员在开展研究中，要尊重并关心参与人员的尊严和福利。成员有责任充分了解并遵守与开展人类参与者研究相关的法律法规。参与研究的个人必须是自愿且被充分告知相关信息。

---

经家族企业学会许可重印。版权所有。

**其他资料**

剑桥创新企业研究中心是一家位于马萨诸塞州剑桥的非营利培训机构，近十年来为家族企业顾问提供多学科培训工作坊。有关时间安排和研讨会的内容，请登录 www.camcenter.org。

# 第八章 特殊情况与挑战

在本章中,我们会讨论家族企业提出的以下情况和挑战:

(1) 夫妻创业者

(2) 情感

(3) 瘾癖

(4) 性别问题

(5) 非家族经理人

(6) 家族办公室/家族基金

(7) 种族

虽然我们不能对以上每个问题都做深入探讨,但我们会指明对家族企业顾问来说最重要的部分。我们在每节后面列出了一些推荐阅读材料和资源,可供读者进一步了解这些问题。

## 夫妻创业者

"我们只有一个人要怪罪,那就是对方。"

——当被问及在国家冰球联盟的斯坦利杯比赛中是谁挑起群殴时,纽约游骑兵冰球队的队员巴利·贝克如是回答

夫妻创业者(Copereneurs),也就是双生涯(Dual-career)夫妻共同

享有一家创业企业，在最近的 15 年才成为研究和写作的焦点。早期的作者有沙伦·尼尔顿（1986）、法兰克和沙朗·巴内特（1998）。他们最早使用夫妻创业者这个词。20 世纪 90 年代，人们对共同持有企业的夫妻的研究兴趣越来越大。在 1990 年，丹尼斯·雅菲在一次讲座中提出"嫁给了企业和对方"，强调创业夫妻关系的独特性。《家族企业评论》中有一篇马沙科（1993）写的优秀评论文章，其中提到有关创业夫妻的文献要么关注企业，要么关注夫妻关系。而且，家族企业文献可以对整体系统视角的趋势有所贡献。如果家族企业是教授关系的研究生院，那创业夫妻就是该院的研究生。

创业夫妻关系的数量越来越多，而且随着女性持有企业的情况出现，创业夫妻关系成了企业总体中增长最快的部分。增长可以归因于特许经销的爆炸式发展，从公司到企业家价值观的转变，技术进步使得在家办公越来越容易，还有就是对家庭经济和情感健康的更多控制的需求（庞修，柯迪尔，1993）。

父母经营的企业已经有数代了，从本地商店到干洗店，再到大型企业，比如由兰黛和她丈夫约瑟夫在 1946 年创立的雅诗兰黛化妆品帝国。多娜·卡兰和她的丈夫经营着一家时尚公司。露西尔·鲍尔和德西·阿纳斯在 1940 年结婚，便在 1960 年离婚前经营着德西路工作室。通常情况下，妻子创办了公司，丈夫在退休、辞职或不满意原公司生活后加入。

## 夫妻的任务

夫妻要想成功地共同工作，有几项很重要的任务，包括：

（1）平衡好个人与夫妻的发展与成长；

（2）管理好夫妻、个人、家庭和工作的边界；

（3）分享权力，特别对于企业是由一个人创办，另一人之后加入的这种情况；

（4）处理好对性别刻板印象的挑战。

文化传统似乎也在夫妻共同创业关系中扮演一定角色。马沙科（1994）在创业夫妻的研究中发现，传统的性别角色取向会限制工作分配和继任计划。庞修和柯迪尔（1993）在研究了184名夫妻共同创业关系后得出结论，性别在工作和家庭决策上起着主导作用。虽然夫妻对在家里谁占主导地位存在不同意见，但丈夫倾向于在工作方面占据主导地位。丈夫和妻子都否认他们在家里是占有主导地位的决策者。

夫妻如果能够成功地共同工作会受益良多。第一，我们通常发现成功的夫妻在一起工作比分开工作能取得更大成功。《团队建设：合作增加收入和扩大规模的小企业指南》一书的共同作者保罗·爱德华提到："就像那本著名的小说写的一样，这是最好的时代也是最坏的时代。"在同一篇文章中，他的妻子莎拉提出："如果你能把配偶作为一天二十四小时生活中的一部分，那是我能想到的最接近天堂的事情。"（特罗林格，1998）第二，夫妻说他们最享受的事情就是一起工作。正如一个客户所说："有些时候，我们可能想要杀了对方，但是大多数时候我们知道没有比两个人在一起更好的事情了。"第三，客户或者顾客有对合伙的双方都能够为团队、公司、服务、产品代言的信心。第四，一起工作能让夫妻分担照顾孩子的责任。第五，这通常能使夫妻更能掌控他们的时间。

**夫妻之舞**

在1968年一本开山之作《婚姻的奇迹》中，作者莱德勒和杰克逊受到用数学和网络研究社会问题、人类沟通和家庭关系的方法的影响，将婚姻描述成为一个体系，在这个体系中夫妻双方用一种神秘方式互动。这种神秘方式是夫妻关系的悖论——双方关系越近，自主性的拉力就越强。夫妻之舞指的是夫妻双方之间反复出现的互动或者恶性循环（莱德勒，1985）。夫妻创业者中尤为典型的是他们关注企业，而不是双方之间的分歧；妻子长时间努力工作带给丈夫的反应是更努力地工作。这个强化回路不会解决他们之间存在的根本问题，而会耗尽双方的精力。

所有夫妻都有舞蹈或者互动模式。有些可能只是简单的双方从文化和家庭影响中学到的性格特点的互动的结果（米德伯格，2001）。这些模式在以下情况时会具有破坏性：

（1）当这些模式变成双方相处的主导模式，而且变成了管理焦虑和平衡分离和亲密关系的唯一方法。

（2）当"问题保持结构"限制了对互动模式做出必要改变。这个结构通常的表现形式是"默认对话"，也就是夫妇双方为同样的事情争吵，比如钱、员工、公司愿景、照顾小孩。不管是什么问题，双方如果采用这种方式，那么真正的问题根本得不到解决。

大多数夫妻能够在没有先解决需要依靠防御性舞蹈来解决的深层次内部争议的情况下学会了改变这些模式，而且知道如何试着去打破这些模式（米德伯格，2001）。顾问要知道舞蹈的模式以及如何打破这种模式。如果干预没有效果或者情况变得更糟，夫妻应该找治疗师来做更深层的工作。夫妻问题会波及家族企业，比如，定调子和建文化。大多数夫妻之舞包括表8.1所列的两项或更多的过程。

表8.1　　　　　　　　　夫妻之舞和相关企业风险

| 舞蹈模式 | 互动 | 企业风险 |
| --- | --- | --- |
| 冲突 | 指责和攻击；升级成攻击和反攻击的循环 | 不能对现实和愿景达成共识；冲突造成员工之间的关系紧张；愤怒侵入了企业文化 |

表8.1(续)

| 舞蹈模式 | 互动 | 企业风险 |
| --- | --- | --- |
| 疏远 | 相互疏远、逃避、断绝关系（不联系） | 问题没有解决；工作量加剧；给客户、供应商、员工传递出矛盾的信息；无效的间接沟通；避免处理困难的业务问题 |
| 追逐者/逃避者 | 反反复复但谈不拢：一个人带着情绪而来，一个人带着理智而去（基于事实的争论或者意见） | 增加了对员工和团队产生权威的困难；不稳定的基本面；角色死板；存在危机的困难时刻 |
| 过度承担责任者/疏于承担责任者 | 过多承担责任的看管人的极端地位/父母和责任感不足的父母/子女 | 一方因为承担了太多的责任而崩溃，而另一方被忽视，没有参与进重要的计划或者沟通，被客户、员工和供应商忽视 |
| 三角关系 | 关注第三方，比如替罪羊、盟友、英雄、复仇者或者病人 | 业务容易成为消极或积极心理投射的对象：要么是英雄，要么是敌人；在工作问题上花太多或太少时间；让员工或者项目做替罪羊；夫妻从来感觉不像个团队；文化上也反映出这些问题；还会成为其他问题的温床：比如家族企业委员会都会被牵扯到这个舞蹈中来 |

## 早期的警示信号

（1）有未解决的历史争议（当访谈这些夫妻时，每个问题里都埋有与未解决的工作和家庭问题相关的地雷："如何划分工作角色？""谁负责销售人员？""你或者你们如何分担照顾孩子的责任？"）；

（2）每个人都想指责另一个人，而不是接受自己的责任；

（3）他们经常把你扯到一边去说其他人的失败和不足；

（4）员工被扯进夫妻之间的争吵；

（5）双方对公司的愿景和未来有不同意见；

（6）双方之间有秘密，导致沟通不能公开简单进行。

婚姻状况恶化，会在一段时间内在不同阶段反复出现，而且成为夫妻关系的一部分。

简的一个客户就是一位创办了两家企业的妻子。莎拉是一个能力强、精力极度充沛的企业家。她创办了一家临时员工招聘公司，求她丈夫杰夫也加入。杰夫同意加入公司并负责信息服务。开始几个星期，事情还比较顺利。萨拉接着让他去做一些和信息服务不相关的工作。在第二个月底，杰夫崩溃了。但是当他想对萨拉说不的时候，不管是在公司还是在家，她就发脾气，而且几天都不消气。杰夫最终离开了公司回去做自己的工作。萨拉找了另一个人来代替杰夫，问题到此结束。当萨拉卖掉这家企业后，她又创办了第二家公司，于是出现了和第一次创业时同样的事情。杰夫一开始拒绝帮助她打理这家公司，但是最后妥协了，这个循环又重新开始。当简第一次和这对夫妇见面时，他们说这种情况也发生在家里，不是什么新鲜事了，不同的就是现在的风险更高。萨拉一直以来像个女孩儿一样，通过发怒或者噘嘴就能达成自己的目的，她成年后也还是这样。她越生气，杰夫就越让着她；而杰夫越让着她，她越来劲。杰夫最后可能甩手走人了。这个强化的循环正破坏他们的关系。一旦他们能够画出这个循环并且看到其破坏性，他们就能越来越频繁地停止这种循环。

另一对夫妻经营着一家食品服务企业，他们决定找第三个人来合伙，共享奖励和责任。通过几个月的面试，他们聘用了一位和他们年龄相仿的、经验丰富的男性合伙人。这个人最近卖了他的酒店，也在寻找新的挑战。最初三个月一切顺利，但是夫妻俩开始感觉到让第三个人加入进来有多困难。正如这位妻子所说，"感觉就像我们刚有第一个孩子的时候！"他们也意识到自己通常不会向对方发泄抱怨和问题，但是会向这个合伙人发泄。为了避免这种三角关系发展，他们设立了一个周例会来表达抱怨和做计划。

**创业夫妻离婚的可能结果**

有两种与离婚有关的互动模式：

（1）攻击和防御预示了早离婚；

（2）忍受、回避、隔阂和情感疏离预示着晚离婚（罗伯特，2000）。

夫妻通常不愿制订一个在离婚和丧失能力情况下的紧急计划，但是在过程中加入这个内容至关重要。如果没有夫妻双方签署的协议，结果会在财务上和情感上都有灾难性的影响。我们的经验是，如果婚姻一直以来都"烫手"而且冲突不断，离婚就是很困难的；如果婚姻已经变冷淡，离婚反而更加容易。我们的经验还发现离婚协商的时间越长，双方会变得越刻薄。预防措施包括婚前协议和股权买卖协议。

比如，简接触的一对夫妻没有关于他们如果离婚后业务如何分割的法律协议。结果是在离婚过程中，他们把公司出售了。这个赌注可能很大。当苏西和唐·汤普金斯在1989年离婚时，公司在那一年的收益已经达到了10亿美元的顶峰（霍夫曼，1989）。

**什么起作用？**

以下关于如何建立成功的企业合伙关系和婚姻的秘密被研究者证明不成立：

（1）两个人越相容，婚姻就越成功；

（2）个性缺陷是导致痛苦的原因；

（3）婚姻早期的问题会随着时间改善；

（4）如果有足够的爱，婚姻就会持久；

（5）避免冲突会导致灾难；

（6）常吵架对婚姻不好。

诺特里斯和马克曼（1993）以及高特曼（1994a）在研究了15年幸福和不幸福的夫妻之后发现，最可能解散的婚姻存在以下行为：批评、轻视、防御、孤僻。这四项行为也被称为是"大灾难的四个马车夫"，随着时间的过去可以预测分离和离婚。

高特曼（1994B）还发现，我们要去管理冲突而不是解决冲突。事实上，他称69%的婚姻冲突都没有得到解决。换句话说，维持破坏性舞蹈的深层问题不是得到了解决而是得到了管理。因此，控制和管理这些没有解决的争议才是真正的目标——同意有分歧，然后向前看。企业成功的关键是不要让冲突挡了制订和执行行动计划的道。他还发现以下模式和婚姻维系时间长短有关：

（1）正向和负向的互动比例大约是5：1；
（2）自由地使用幽默；
（3）表达积极的爱意；
（4）对另一方的反应保持一致；
（5）尽管是在冲突中，也把对方看作是盟友；
（6）冲突后有效、快速地修复关系。

高特曼得出结论："一个长期持续的婚姻是夫妻有能力处理任何关系都不可避免的冲突的结果。"（1994b）。

如果夫妻在建立企业一开始就寻求建议的话，最好的建议就是不管他们预期的合伙人是不是另一半，都根据客观标准去选择：性格的相容度、充足的业务技能和专业、匹配的金钱目标和企业愿景、对企业和家庭的承诺，以及有能力在家庭和企业间保持合理的边界。

如果夫妻在业务关系上遭遇问题，好消息就是，如果没有牵扯上深层次的争议，那么一旦他们承认这种模式，而且学会更有效地沟通的话，问题的模式能够改变。顾问可以用高特曼（1994a）的术语"最小婚姻治疗"入手。他建议训练以下的内容，直到能变成自动自发的行为：

（1）自我缓解、自我照顾和压力管理技术；

（2）时间管理技术；

（3）降低痛苦维护认知；

（4）非防御性的倾听；

（5）确认对方说的意思；

（6）承认和察觉过激的想法；

（7）练习更好地说话。

除此之外，我们还建议以下内容：

（1）如果事情确实很激烈了，让合伙人先通过你来沟通；

（2）通过帮助合伙人决定来建立决策和冲突管理程序：

业务用什么样的所有权结构，也就是股权如何分配？

谁是老板，在什么情况下是老板？

职位名称是什么？

如果一个人想要离开企业但是还继续婚姻，或者相反的情况，这时怎么办？

离婚、丧失劳动能力或者死亡的情况会发生什么？

家里和工作上的任务/角色如何划分，也就是谁主要负责什么事情，谁擅长什么，谁负责做什么？

最后，很重要的是夫妻要①把这些事写下来；②提升协商的技巧，建立"公平争吵"的规则；③能够恢复、持有希望；④寻找和鼓励新的、不同的反应/解决方法来处理压力事件；⑤有性别的敏感性，也就是在冲突中或者压力下，男人和女人最小的技巧可能都不同，男的倾向于变得孤僻，女的倾向于参与；⑥澄清愿景、价值观和目标；⑦在企业里面和作为夫妻都需要有独处和共处的时间。

在家族企业晚期，和年长的夫妻工作会得到回报。家系图可以用来回顾人生，帮助他们重新发现和讲述自己的故事，还可以帮助他们和后代书写一段传奇。

**顾问遇到的陷阱**

为夫妻提供咨询时，顾问要注意避免几个陷阱：

（1）希望速战速决；

（2）比客户更努力（如果你发现你比客户还努力、投入的精力还多，找到这样做的原因）；

（3）不清楚谁在这个系统中有权力，混淆了权力和控制（顾问通常是被在那时最痛苦的人找去的，谁通常是权力最少的人）；

（4）不能分辨简单冲突和复杂冲突（见第四章）；

（5）在过程中和夫妻两人扯上三角关系（顾问要想脱身出来需要在自我管理方面练习、练习、再练习，而且对诱发因素要有洞见）；

（6）不和夫妻一起把协议正式化，或者不指定结构和过程（当顾问和问题夫妇工作时，要形成正式的协议比较困难，但是长远来看，会对提升企业和夫妻关系都有好处）。

**推荐阅读材料**

Jaffe, A.（1996）Honey, I want to start my own business. New York：Harper Business.

这本计划指南为想一起创业的夫妻提供了实用建议。杰夫在书中写到了回报（更亲密的关系、更快解决问题、更好的性生活、互补的技能、小孩儿和老人的照顾更灵活）和对企业和两人关系的挑战。本书还包括了一张18个问题组成的"共同合伙人的评估测试"。

Jaffe, D. (1990) Married to the business … and each other: The two worlds of entrepreneurial couples. In The Best of the Family Firm Institute Conference Proceedings, Volume III: The Best of Behavioral Science, pp. 20-26.

Kaye, K. (1991, Spring) Penetrating the cycle of sustained conflict. Family Business Review. IV (1), 21-24.

Lerner, H. G. (1985) The dance of anger. New York: Perennial Library, Harper, Row.

Lerner, H. G. (1989) The dance of intimacy. New York: Perennial Library, Harper, Row.

## 情感

从我们自身找到幸福不容易，但想从其他地方找到幸福则属于不可能。

——艾格尼丝·雷普切尔《宝箱》

从历史上看，家族成员的情感已经因为继承、战略规划、团队建设和其他各方面的问题成为被指责的对象。毫无疑问的是家族企业就是一个情感系统，其情感强烈的程度能够达到，甚至在有些时候超过"普通家庭"。顾问对情感和感受问题的偏见已经阻碍了他们与家族企业有效地开展工作。但是，越来越多的证据表明，情感和感受在成功的、理性的决策和计划中有重要作用。下面是我们提到过的一些错误观念，最后一条来自于怀特赛德和布朗（1991）。

### 有关情感和感觉的错误观念

(1) 情感是外露的;

(2) 情感阻碍好的商业意识;

(3) 情感是在消磨时间;

(4) 情感一团乱麻;

(5) 情感是留给客户的,顾问必须保持中立;

(6) 情感是进步的绊脚石和障碍;

(7) 家族是情感的竞技场,但企业是逻辑的竞技场;

(8) 女人主管家庭和关系、情感、过程;男人更理性,主管逻辑和工作系统。

### 情感在决策制定过程中的角色

情感在理性思考中扮演着重要角色,而且可以增强或者限制智力。越来越多的证据显示,一个人如果不能确定自己的情绪就会处于劣势。在《当机器人哭泣:情绪记忆和决策制定》一书中,麻省理工学院人工智能实验室的胡安·维拉斯古(1998)说,"有关理性本质的传统观点认为情绪和理智水火不容……但神经科学研究已经提供了证据说明事实恰恰相反。情绪在感知、学习、注意力、记忆和其他能力和机制中发挥了重要作用。我们想要把这些能力和基本的理性、智力的行为联系在一起。"在他进行的测试中,前额皮质受到损害的病人(感知部分的大脑)在不同的智力和记忆测试中表现良好。但是当遇到现实生活情景时,他们似乎就不能做出好的决定了。

从听觉和视觉传来的感官信号从丘脑传递到新皮质(思考)和扁桃型结构(情绪);扁桃型结构处理信息更快并做出生理反应,使人们在思考和行动前就能感受。有虐待/反应性精神病的人在他们的感觉与行动之间没有停顿或者没有思考。

不利用我们的情绪做决定，就好像不用数字做预算。一个家族企业在生命中的多个时期，做出合理决定的能力十分重要。在家族企业的继任过程中，我们的经验是那些能对企业和家族的未来做出更好决定的人都知道他们的感受并知道如何利用这些感受来做困难的选择。关键的问题是，我们如何确定情绪、管理情绪，并把它作为决策的数据。一项有用的练习就是由克里斯·阿基里斯和唐纳德·舍恩开发的左手栏练习（见示例8.1），第一次出现在他们1874年的著作《实践的理论》中。

### 示例8.1 左手栏练习

目的：开始注意会控制我们交谈和阻碍我们获得解决方法的潜在假设，找到一种安全有效地谈论假设的方法。

第一步，选择一个问题：选择一个在过去一个月左右，你在家族企业中遇到的问题，我们许多人想忽视的难以处理的人际关系难题。用一段简短的话描述当时所处的情况，你想达到什么结果？谁或者什么在阻碍你？可能会发生什么？

第二步，在右手一栏（说的情况）：回忆在你所处的情形下那个令人不快的对话，或者想象如果你提出那个问题可能遇到的对话。用几页纸在中间画一条线：在右手一栏里，写出实际发生的对话，或者写下如果你提出这个问题，你确定可能发生的对话。在写完之前把左边一栏空着。

第三步，在左手一栏：现在在左手一栏里写出你不会说出来，但存在的想法和感受。

第四步，反思：以左手栏为原始信息，参与者可以从写出的情景中了解许多事情。问自己如下问题：

（1）是什么让我这样想或有这样的感受？

（2）我的假设是什么？

（3）我的目标是什么？

（4）我是否达到了我想要的目标？

（5）我为什么没有说出左手一栏写的东西？

（6）对我、家庭和用这种方式运作的企业来说成本是什么？

（7）结果是什么？

（8）我怎么能够用左手一栏作为原始信息来提高沟通和问题解决的能力？

此练习的进一步使用：

（1）按照你想要的方式，重新写出之前的对话。

（2）检查你对其他人或情况做出的假设。

（3）选一部分练习给其他人看，并开始关于误解和假设的对话。

（4）想一想什么不该说，什么时候我们内在的感受最有用，特别是在家族企业里的情况，以及什么时候我们会遭受伤害。

---

改编自 P. 森吉、A. 柯雷勒、C. 罗伯茨、R. 罗斯和 B. 史密斯的著作（1994）。

同样，最有效的顾问知道如何利用自己情绪有策略地对待客户（我被你现在说的东西搞糊涂了，你能说得更直接一点吗？我理解你的逻辑，但是认为你可能需要理解其他人的观点。或者，最后一句话听上去你好像对你父亲的地位很不满，你能解释一下吗？）。如果我们试图压抑、抑制、忽视我们自己或者他人的情绪，我们就不能服务好家族企业。关键能力是情绪管理。

**情商**

丹尼尔·戈尔曼在《情商》(1995)和《用情商工作》(1998)中提供了更多的关于情绪重要的证据。戈尔曼用"不能预测一个人在学校可以做得多好,但是可以预测一个人在工作和生活中做得多好的技能"来定义情商。情商(EI)包含思考力和感受力,是一项包括某种程度的技能的能力。戈尔曼强调,情商技能和感知能力是共同发生作用的,最好的表现者同时具备这两项能力。根据戈尔曼的理论,智商只占到成功的25%,专业和运气也是因素,但是占比更大的是一组能够组成情商的能力,包括个人和社会素质的要素(戈尔曼,1998):

(1) 个人能力(知道和管理自己)

自我意识(清楚自己的内在状态、喜好和直觉);

自我管理(管理自己的内在状态、冲动和资源);

动机(即使处在不利的状态,也能够利用情绪来激励自己)。

(2) 社会能力(感知和回应他人)

同理心(能够感知他人的情绪、需要和担忧);

社会技能(善于引导他人做出自己所期望的反应)。

这就是说我们洞察自己的感受、管理自己的感受、识别其他人的感受,以及用有效的方式与他人合作。既有脑又有心,既有事实又有感情,这是对家族企业和试图努力做好情绪管理的顾问来说非常重要的能力

《家族企业》(斯通,1998)里的一篇文章提到,Enterprise 租车这家企业是美国最大的租车公司,而且还在成长。为什么它能发展如此之快?部分原因是因为直接把车交到客户手里的策略,但是更多的原因归结到公

司创始人杰克·泰勒和他的儿子（也是公司 CEO）安德鲁的做法上。Enterprise 租车在大学校园中搜寻那些性格外向、积极乐观的学生，这些学生的情商高于他们的平均学分绩。他们通常被认为有很好的人际关系能力。

仅仅是情商高不能保证一个人可以学到对工作很重要的情绪能力，这只表明他们有很大的潜力能学会（戈尔曼，1998）。比如，一个顾问可能有同理心，但是没有学会怎么把这些技能转换到和客户有效的工作中去。情商在家族中可以传授和练习。一些人在读出情绪线索这方面很差劲，不是因为他们缺乏基本的同理心这根筋，而是因为缺少情绪导师。他们从来就没有学过如何关注信息，也没有练习过这项技能。他们是差的团队合作者、领导和计划人（戈尔曼，1998）。

作为顾问，我们需要帮助家族企业建立他们的情绪能力。为了实现这一点，我们先要建立起自己这方面的能力。情商的概念、测试和指导对家族企业有特殊的吸引力和作用，是一种情感机制（勒凡，1990）。它指明了家族成员常常经历着什么，而且使变革和教练有希望，特别是当情商和一项工作结果相关的时候。

## 处理情绪的小建议

（1）记住如果情绪没有用声音表达出来就会用行为表达出来；

（2）给情绪一点时间和空间来发泄和处理；

（3）知道什么时候可以去做决定；

（4）意识到自己的情绪并有策略地处理；

（5）在决策过程开始的时候，选择越模糊，情绪扮演的角色就越重要；

（6）知道什么时候情绪的表达应该被忽略或者延迟；

（7）对情绪的恐惧会导致症状和问题，比如瘾癖，其实是我们的感受和我们自己的缓冲；

（8）如古德曼（1998）提到的，"有情商和同理心的线索不仅是在对话中自然地使用'爱'这个词，在会议室准备一盒舒洁纸巾，问问孩子他妈真正的兴趣，还包括为客户的最佳利益有策略地利用我们的感情（我想你是否可以和家里其他人分享一下你流泪的原因？我知道你在家里有许多事情要关心，在压力时刻你是如何表现的？在危急中，你怎么知道或者你是如何了解你的每一个需要？你自然应该为你的孩子感到骄傲，你对他们在家族企业里有什么期望？）"

**推荐阅读材料**

Goleman, D. (1995) Emotional intelligence. New York: Bantam Books.

Goleman, D. (1998) Working with emotional intelligence. New York: Bantam Books.

Quade, K., Brown, R. (2001) The conscious consultant. San Francisco, CA: Jossey-Bass/Pfeiffer.

# 瘾癖

*每一种瘾癖都很糟糕，不管成瘾的是酒精、吗啡，还是理想主义。*

*——卡尔·江《记忆、梦和反思》*

瘾癖是最大的公共健康问题，往往会造成家庭冲突和暴力，降低家族的凝聚力，造成健康、金钱和效率的损失。最近的一项仅仅是酒精滥用的整体经济成本估算在1995年就达到了2760亿美元并且还在上升（酒精滥用和酗酒国家研究所，www. niaaa. nih. gov/press/1998/economic. htm）。在美国有接近1400万人，也就是每13个成年人中就有一个滥用酒精或者酗酒。药物滥用的成本达977.7亿美元（这项估算包括了药物滥用资料和预防成本，还有其他健康护理成本，和工作生产率下降和收益损失相关的成本，以及其他和犯罪、社会福利有关的社会成本）。

瘾癖可以分成两种形式：①物品成瘾，包括酒精、药物（合法或非法）、咖啡因、食品；②过程成瘾，即与活动或互动相关的瘾癖，比如工作、金钱、性、赌博、关系和一些进食障碍（沙夫，法塞尔，1988）。根据经验，我们咨询过的90%的家族企业客户中都有一名或多名患有瘾癖的成员。家族企业中瘾癖不能被发现的更高风险的因素主要是：

（1）家族成员通常不参加公司体检；

（2）家族企业很难开除一个有瘾癖并且拒绝治疗或者治疗后病情复发的兄弟、姐妹或者父亲；

（3）个人和企业通常有一笔资金来支付这些上瘾的东西；

（4）家族否认这些事情以免传到外面。

## 瘾癖的信号

以下是顾问要去发现的瘾癖信号（贝普科，克里斯坦，1985；卡叶，1996；沙夫，法塞尔，1988）：

（1）耐药性增加（上瘾的人需要越来越多的物品或者过程来达到相同的反应）；

（2）渴求的增加（想得到物品或者过程非常强烈的需求或者冲动）；

（3）否认、撒谎、防御、低自尊；

（4）生理依赖；

（5）失控，奇怪的行为和举动；

（6）功能过度或者不足，责任过度或者不足；

（7）不管是否受到影响，自我感觉动摇，从自我憎恨到自我膨胀，从压抑到亢奋；

（8）在系统和个人之间的紧张关系和压力；

（9）虐待行为；

（10）缺席会议；

（11）古怪的行为或情绪状态；

（12）不容易解释的财务问题或者损失。

### 瘾癖：是原因还是结果？

瘾癖的成因已经很深层次地在不同层面有过争论，争论的核心是瘾癖到底是原因还是结果？换句话说，比如酗酒的人导致了家庭和工作系统丧失功能，还是这些系统造成了酗酒？一个更有用的过程是把瘾癖同时看成是影响每一个在其中的人的失控变化的原因和结果，这有助于我们理解问题的严重性，看到什么事情或什么人会强化这种瘾癖。比如，谁在为上瘾者长期的迟到找借口？瘾癖对家庭和企业造成了什么影响？

另一问题是："这个瘾癖是不是服务于某种功能？"从系统的角度看，瘾癖"在我们和我们的感情之间设置了一道缓冲"（沙夫，法塞尔，1998）。没有这些感情，我们就没有足够数据开展工作。如果家族的一个成员不参加或者不全情投入，我们怎么能真正制订一个好的行动计划呢？"

在这个似乎和家族企业相关的舞台上的另一研究领域是依恋。客户开始用上瘾的物质或过程作为"一种管理感情或者是建立与其他人或者他们自己之间联系的一种方法"（姬莉，2000/2001）。如果家族企业是成瘾过程的对象，一段时间以来的不联系可能就会导致创始人不能放手。卡叶

(1996）描述了一种情况，因为父母的自我发展不充分，他们和孩子对成长过程的反应高度紧张，企业变成了成瘾的对象。这是有过程瘾癖系统的一个例子，如果能得到有效治疗，就可以恢复。家族成员可以有更好的生活，不会再想有之前生活中的冲突和焦虑。

偶尔的喝酒或一段时间的赌博或长时间的努力工作和瘾癖的区别是：①个人对行为的控制能力；②选择要素。如果这个人行为失控而且似乎不能选择停止，那么就是瘾癖。

## 我们可以做什么？

作为家族企业顾问，我们通常没有接受过有关瘾癖问题的训练。但是，这里有些顾问可以做的事情：

（1）识别问题的程度；

（2）了解瘾癖形成的动因；

（3）有能力发现瘾癖的信号；

（4）对家族里的瘾癖或瘾癖行为做好完整的历史记录；

（5）不接受家族的否认；

（6）不让瘾癖控制这个过程；

（7）帮助家庭应对瘾癖，准备好采取必要的步骤，比如，开除有瘾癖的人，或者进行干预；

（8）为客户推荐合适的治疗。

顾问理解瘾癖的形成很重要。有瘾癖的人、家族和企业系统在过去都形成了应对和否认这个问题的方法。一旦你意识到这里有问题，很重要的是要敏感地面对家族，并且给他们一些选择建议——给他们推荐瘾癖方面的专家或者让他们住院治疗。与此同时，他们可能感到放松、不确定或者愤怒。如果他们继续否认，你就要判断如果瘾癖继续得不到治疗，你是否还能有效开展工作。

**推荐阅读材料**

Bepko, C., Krestan, J. (1985) The responsibility trap. New York: The Free Press.

Cohn, M. (1993, Summer) Anticipating the needs of the grandkids. Family Business.

Kaye, K. (1996) When family business is a sickness. Family Business Review, 9 (4).

Schaef, A., Fassel, D. (1998) The addictive organization. New York: Harper and Row.

# 性别

在介绍1990年的《家族企业评论》有关"女性和家族企业"的问题特别刊时，萨尔哥尼科夫写道："如果有关家族企业的文献还在婴儿期，那有关在家族企业中妇女的文献则还在孕育之中。严肃的文章用一只手就可以数得过来。"来自组织发展领域的顾问必须注意女性在家族企业中的历史，辨别在过去十年里事情变化了多大、速度有多快。女性在家族企业中成为所有人、老板和看得见的领导的时代到来的简史一直以来发展缓慢，但是正在迎头赶上。

## 变化的潮流

在 1996 年《国家商业杂志》中的一篇文章《领导力变化的新海》(A Coming Sea of Change in Leadership) 中,莎朗·尼尔顿写道:"这个国家的女性企业主的闪亮形象受到如此少的关注,这让我很吃惊。根据女性企业主国家基金会的数据,女性现在掌管了美国所有企业的 36%,年销售额达到 2.28 万亿美元。没错,是万亿。仅仅在二十五年前,女性只拥有 5% 的美国企业。"她继续写道:"这不是说明在适当的时候女性可以拥有超过三分之一的家族企业?可能会吧。现在,我们不知道有多少女性持有家族企业。但是,一份由麻省人寿保险公司去年调查了 1029 名家族企业主和共同所有人的报告显示,16% 的问卷反馈人是女性。"(尼尔顿,1996)

历史上第一次,女儿有可能打败她的兄弟成为继任者取得领导权和控制权。仅仅在一代人之前,没有儿子的创始人倾向于出售自己的企业,而不是让自己的女儿来持有或经营企业。家族企业在跟上对女性态度变化的潮流方面进展缓慢,但是它们正在迎头赶上。女性现在在董事会中占有更多的席位,越来越多地经营或持有家族企业。但真相是,在美国公司中,女性在最高层的情况还比较少见。

## 对顾问意味着什么

重要的是我们要把上述情况看成是多样化的问题。这不仅仅是针对女性,而是有关对整个企业来说未被开发的资源。这时你可以做以下事情:

(1) 帮助女性和男性界定他们要什么,根据他们的技能、才智、兴趣,而不是根据他们的性别确定;

(2) 在继任计划中,帮助父母选择最好的领导人,不要管性别;

(3) 建立公平、平等的支付/报酬和正式的付薪指导原则（劳动统计局说在美国公司中男性每挣 1 美元，女性只挣 76.3 分）；

(4) 确保创始人/所有人/管理团队看到所有给女性和男性的选择（最近在 2000 年，德勤全球发现女员工离职率远高于男员工离职率，于是开始重大组织变革，第一步是停止假设女员工是离职待在家里生小孩儿，而且接受人才流失的责任【麦克拉肯，2000】）；

(5) 记住工作说明和正式的职位名称很重要（许多家族企业中的女性尽管工作努力，但是都不得到这些）；

(6) 鼓励父母，尤其是父亲，在女儿的成长中给予积极的信息（家族企业的女性有成功平衡工作和家庭需要的独特机会）；

(7) 考虑女性加入董事会（一份 1997 年由国家公司董事协会做的研究显示，59% 的受调查公司没有女性董事，30% 的公司只有一名女性董事【Inc., 1999】）。

## 推荐阅读材料

Cole, P. (1997, December) Women in family business. Family Business Review, X (4).

McCracken, D. (2000, November/December) Winning the talent war for women: Sometimes it takes a revolution, Harvard Business Review.

Nelton, S. (1998, September) The rise of women in family firms: Call for research now. Family Business Review, XI (3).

## 非家族经理人

作为家族企业顾问,我们常常发现自己和非家族企业经理人(NFM)一起工作。这些人经常被称为"外人",他们扮演着以下重要角色:

(1) 他们是中立的观察者;

(2) 他们可能协助发展和训练第二代,可能作为导师;

(3) 他们可能作为家族基金的管理人;

(4) 他们可能有对企业的忠诚和承诺,与所有者有特殊关系;

(5) 在某一段时间,他们可能感觉像是一家人;

(6) 他们可能被选为领导人,尽管可能在家庭和企业内部都会产生连锁反应。比如,如果企业选人不是基于客观标准、好的企业战略,以及对领导权转移的关注,家族成员可能会感到愤怒和伤害。即便这个过程做得很好,家族企业的文化和家族中的关系也可能发生改变)。

在家族企业中,非家族企业经理人通常会面对:

(1) 性格、对手和家族问题;

(2) 辅导和训练下一代;

(3) 没有正式的雇佣政策;

(4) 感受到不公平的报酬和工作安全问题,以及晋升可能性的问题;

(5) 在继任过程中被要求"把空位顶上"和"过渡阶段顶替"。

非家族经理人在后一种情况下的问题是,"我能在这个位置上待多久?""我是不是会被牺牲掉?"克莱菲尔德(1994)建议,企业要想在领导力危机中生存,"家族应该有选择非家族领导的紧急方案并帮助他们成功。如果家族已经决定了需要什么类型的人,而且已经确定了接替岗位的潜在候选人，那么当不幸的事情发生时，企业就能做好准备。"

传统上，家族成员的经理人是职业的非家族经理人的对立面。阿罗诺夫在他有关大趋势的文章中写道："这种差异越来越多地被认为最好的情况是不相关，最差的情况则是危险。家族企业成员越来越多地被期望达到或者超过高管职业化水平的最高点，包括教育成就和在家族企业以外取得的职业成就。"这不是说家族企业不需要非家族高管和经理人。波萨和阿尔弗雷德说："几乎没有关于管理家族和非家族经理人之间关系的最有效方法的数据或者思想。但是任何一家有一定规模的家族企业都要依赖非家族经理人的质量和效率来实现公司的持续成功和发展。"（1996）波萨和阿尔弗雷德比较了家族和非家族的反应，得出的结论是，非家族经理人通常对管理实践和继任问题比起他们的员工来说，态度没那么积极。而且"我们发现的这种差异显示，对所有者经理人来说，提升他们高层雇员的动力和技巧是一项重要的挑战，也是很大的机会。"他们还得出以下一些结论：

（1）家族成员通常对其继任后企业还是由家族管控的状况相对更自信。

（2）家族企业的 CEO 寻找激励高层员工的方法，因为这些高层会意识到高层领导岗位很可能落到胜任能力不如他们的家族成员手里。

（3）对非家族经理人来说，他们对自己大好前途的自信非常重要，但是在家族企业中很难保持这种自信，因为他们往往不得不赢取第二代所有者经理人的信任。

（4）CEO 比非家族经理人认为企业更有创新；事实上，非家族企业经理人比 CEO 对管理实践的满意度要低，而且更倾向于看到企业再过五年和现在也一样。

（5）家族成员更可能同意这个说法，即"在这个组织中的人知道他们代表什么，也知道我们希望怎么做生意"。这就带来一个问题，当家族企业的价值观和哲学发生变化的时候，非家族企业经理人是否会离开企业。

（6）非家族经理人更少参与"制订计划和执行计划"。

（7）所有者经理人对惯例和流程的作用更加乐观（根据一个研究，"因为对现状的不满相对少，所以要让CEO相信必须采取行动才能够重振企业或者开始制订继任计划并不简单"）。

（8）非家族经理人通常比家族经理人对薪酬福利的满意度低。

（9）仅仅在一个重要的分类下，非家族经理人对企业业务的评分持续高于家族经理人：他们对绩效反馈的结果的满意度比非家族企业经理人的满意度高。

波萨和阿尔弗雷德得出结论，非家族经理人的工作长期以来被认为是理所应当，而且家族企业需要创造和保持能够让非家族经理人的忠诚度和绩效最大的文化。

根据这份研究和我们自己的经验，我们给出如下建议：

（1）所有人必须努力展示非家族经理人的贡献有价值；

（2）CEO应该建立持续的与高层经理人之间的对话，查看各自考虑问题的假设，询问问题和争议，缩小观念上的分歧并澄清未来的计划和期望；

（3）董事会中的非家族成员应该成为对家族和非家族经理人日程的中立观察者；

（4）顾问应该从行业中的公众公司的政策上选取目标对象；

（5）在合适的时机，顾问应该让非家族经理人更大程度地参与战略和运营计划；

（6）家族企业应该对非家族经理人的职业发展和培训投资；

（7）如果有辅导下一代的机会，每个人都应该清楚期望和奖励。

记住：

（1）非家族经理人是有关家族和组织信息的宝贵来源；

（2）非家族经理人不会参与家族的大戏，但在团队建设、员工会议和指导家族方面扮演着重要作用；

（3）他们角色的有效性与他们在等级中所处的位置以及家族对他们的信任有关；

（4）非家族经理人在被问到有关家族和企业的问题时感到左右为难，所以对他们回答的保密非常重要。

## 家族办公室和家族基金

家族办公室和家族基金都是能让家族继续在一起工作、一起捐助和一起计划的结构。以下的定义来自兰斯伯格的《家业永续》（Succeeding Generations）：

"家族办公室让家族能够作为一个团队根据集中的财务计划投资，从而扩大他们的购买力，降低投资组合管理的成本。它和家族企业分离，尽管有一些人会参与家族企业。职业经理人监控投资、监管、税收合规、团队保险、财务计划，以及家族内交易，比如股票赠与和遗产计划。

"家族基金输送资金到与家族慈善精神和社会价值观相匹配的组织和事业中。除了那些著名的机构，比如福特、洛克菲勒和卡耐基基金会，还有上千个私人家族基金支持这些活动。这些基金会通常享受税收优惠，同时还能通过贡献社区来提高家族声誉和形象。"

汉密尔顿（1996）指出有接近一半的家族办公室是由拥有企业的家族创立的，这些家族的核心业务外的流动资产累计达到3000万美元或者更多。根据汉密尔顿的研究，家族办公室实际上已经成了第二个家族企业，它的规模和复杂性很大程度由家族的财务目标和投资目标决定。汉密尔顿指出，员工可能包括一个专业人士，也可能超过一百人。大多数家族办公室可以通过帮助家族避免不可预见的财务风险，或者执行最小化税收的转移方案来让家族每年避免不可预见的财务风险。

事实上，大多数小一点的基金会没有全职人员。通常一个家族成员就可以做这些事情。汉密尔顿提出家族可以在企业之外创建一个投资池来提供未来资金需要，还提出不仅仅具有财务价值的三种方法：

（1）专有的家族办公室；

（2）多客户家族办公室，为家族财富在 1 000 万~3 000 万美元的客户设立（通常是一家面向外部客户的家族办公室）；

（3）企业家族专长的银行信托部门和私人投资公司。

斯通评论说，在公众的想法里，私人基金会是由美国超级富豪获得资助的百万美元的机器。但现实中的情况是，大约 20 000 家家族管理的基金中的大多数所有的财产不到 500 万美元。斯通还指出，在最近几年，家族基金正经历显著的民主化，尽管它们曾经是美国最富有的家庭的特权领域。现在，基金已经成为财务和法律顾问的遗产计划工具，推荐给适合的中等水平的超额财富家族。

有效的家族办公室的关键包括了三方面：

（1）有一个战略财务游戏集合；

（2）招聘专职的、经验丰富的职业顾问来执行计划；

（3）对家族有承诺并紧随家族。

## 优点

运营一家成功的家族办公室就像运营一家成功的企业。好处有物质上的也有精神上的，还有财务上的。基金可以成为开展以下工作的一种方式：

（1）为家族成员在一起做慈善贡献提供机会，建立家族慈善目标，鼓励价值观决定和讨论，加强后代的联系；

（2）建立家族目的和精神，用给予来反映家族价值观；

（3）帮助老一代人放手退出；

（4）为家族成员创造机会参与，比如，一个家族企业领导人想保持活力，但是又想让下一代来经营企业；

（5）让业务之外的财富多元化。

其他财务上的好处包括：①为由于隐私原因要分别处理的财务挑战提供机会；②减轻全职的首席财务官（CFO）又要做兼职的财务顾问这种双重职责的负担；③万一出售企业，还能作为把个人财务和企业分开的一种解决方案。

**赠与哲学**

要想更有效地赠与，卡洛夫建议家族注意以下几个方面：①形成一个能够使给予反映家族的价值观的重点；②做这方面的研究；③结果导向；④把基金接受人看成是合伙人，与他们一起增强他们的能力。卡普兰写到，当家族企业领导仍然充满活力的时候组建一个基金，能够极大地增加家族成功地选定指导家族基金的哲学和目标。冯·罗斯伯格说，家族必须在管理上职业化，投资和寻找非家族管理者：让非家族管理者加入家族管理当中代表着基金发展的新水平。家族成员与非家族管理者分享信任和某种程度的控制权，以换来更高效、更可靠的组织。

### 给顾问的小窍门

（1）在适当的时候，也就是说，如果有足够的资金，而且家族愿意以这种方式在一起工作，帮助家族考虑把家族企业或者家族基金会作为一种选择；

（2）提前计划和设立基金，当家族成员已经五六十岁而且有活力，企业就可以开始为基金会筹备资金，这可能会变成企业所有人的第二职业；

（3）帮助家族讲清楚目标和哲学；

（4）帮助家族建立有非家族成员的董事会；

（5）帮助他们建立必要的基础建设、人事和资源以确保可以永续；

（6）帮助家族把个人优先事务和社交优先事务区别开；

（7）向家族解释以下的风险和挑战：

①基金可能强化已经存在的、产生于决定社会需求和有限事项中的压力，而且可能扩大分歧；

②如果计划不充分，治理可能是个问题；

③可能在目标和目的上不能达成一致；

④计划不好或者经济情况变化，可能使资源和承诺都不足；

⑤个人优先事务和日程可能超过社交事务，影响到家族作为团队工作和同意投资策略的能力；

⑥基础建设还没有完全建成。

### 推荐阅读材料

Council on Foundations, Washington, D. C. (www.cof.org)

Family Business Review. (1990, Winter) Special issue on family foundations.

Sara Hamilton, Family Office Exchange, Oak Park, Illinois (http://foxexchange.com/public/fox/welcome/index.asp).

## 种族

虽然我们不会详细讨论种族问题,但对顾问来说很重要的一点是记住我们带有自己种族的偏见和假设。我们发现,顾问要成功完成对顾客咨询的介入,他们必须将自己的价值观和客户的价值观调成一致。比如,有亚洲出身背景的客户通常在处理冲突方面和来自欧洲和拉美的客户有很大差异。我们还发现客户的宗教信仰可能会是发生在客户系统中的事情的背景(比如,摩门教、犹太教和天主教通常对权力、权威、决策等有不同的假设)。以下是顾问在这些问题上要思考的点:

(1) 种族如何影响咨询介入?

(2) 种族如何影响顾问的类型和匹配客户?

(3) 在咨询过程中,种族如何影响客户?

(4) 在训练计划和未来研究方面还需要什么?

**推荐阅读材料**

Family Business Review. (1992, Winter) Ethnicity and Family Enterprise.

McGoldrick, M., Giordano, J, Pearce, J. K. (Eds.) (1996) Ethnicity in family therapy ($2^{nd}$ ed.). New York: Guilford Press.

McGoldrick, M., Troast, J., Jr. (1993, Fall) Ethnicity, families, and family business: Implications for practitioners. Family Business Review, VI (3).

# 第九章　家族企业咨询的回报与挑战

在本书的写作过程中，我们采访了 20 位家族企业顾问，他们从业年限从 8 年到 32 年。他们来自不同的学科：法律、金融、管理、组织发展、家族治理和商业。在这 20 人当中，有 12 名男性，8 名女性。我们向他们提出了如下问题：

（1）家族企业顾问的角色具有怎样的独特性？
（2）给这个群体提供咨询的最大挑战是什么？
（3）你对刚进入这个领域的顾问有什么建议？
（4）是什么吸引你到这个领域？
（5）你学到的最重要的一课是什么？
（6）最重要的技能和素质是什么？
（7）在实践中，你认为哪种干预最有效？

以下是他们回答的节录，他们的个人简介在本章最后。

## 家族企业顾问的角色有什么特殊性？

"你需要有多种技能；多学科的团队也很重要。"（J. G. 特罗斯特）

"在与家族企业工作过程中，你更像是一个引导师的角色，要让他们来做决定；你做好程序问题、资源和引导的工作。"（K. 温顿）

"你要在家庭、企业和所有权三个不同的、高度复杂的领域工作，你还必须对它们都有理解，三者交织在一起，不能分开。"（W. 汉德勒）

"你必须意识到家庭关系和企业关系,这需要理解不止一个学科。你必须对人际关系、角色、责任、股东角色、财务都有深刻的理解。家族和企业的结合非常复杂。"(P. 卡洛夫斯基)

"它跨越和涉及理解其他顾问的角色,需要涉及其他学科工作知识;你更像是一个四分卫,协调和补充这些顾问的工作,还需要与客户合作。"(M. 科恩)

"家族企业顾问需要理解多个领域和客户世界的多个系统:家族、股东和经理人。家族企业顾问需要管理的模糊性和复杂性问题比传统企业的顾问要多。"(B. 布朗)

"比较特殊的一点是,我们要处理由两个典型的独立系统组成的复杂系统,这两个系统通常是处理其他系统的顾问不会关注的领域。因此,这个角色要发挥效用,需要顾问处理整个系统,关注这个系统独特的交互作用,而且连接上整个体系(也就是所有的股东)。因为还涉及持续了几十年的家族和其他人的关系,这个角色变得更加特殊。此外,这个系统还有建立强烈信任联系和取得广泛支持的机会。"(L. 达修)

"相比一般顾问的世界,家族企业咨询需要有对过程和咨询技能有趣而复杂的组合。顾问只有其中的这项或那项技能的话,要处理家族企业的事情就比较困难。顾问需要了解多种性格类型/角色,要有感知力和很强的分析能力,而且内在就是个解决问题的人。不然,很容易不知所措。"(E. 胡佛)

"和家族与企业系统交叠一样,家族企业顾问必须很好地跨在那条线上才能做好咨询。顾问如果只精通财务报表分析,或者只熟悉弗洛伊德梦的分析领域,可能都会感到要全方面代理好家族企业都是没有准备好的。比如,当我们接受的是律师的训练,通常会倾向于着眼在商业问题上。我也和正在应对家族药物滥用、身体暴力、婚姻不忠、家族成员无预料的死亡、性别问题、性虐待和其他问题的客户工作过，往往没有一种简单的方法可以代理家族企业的问题或者忽视个人的动力。你还需要知道什么时候需要引入其他顾问。"（J. 沃福森）

"在咨询密集度方面有特殊性；我们总是在管理任务和关系过程。和家族企业工作就像打开了燃烧器。成员之间的脱氧核糖核酸（DNA）联系很紧密。"（K. 怀斯曼）

## 为这群人提供咨询的最大挑战是什么？

"不要陷入一个或另一个小团队中，你是一个引导师；你不站队，只是确保一方能够聆听另一方。"（K. 温顿）

"家族问题最终都会回到出生上，所以，任何希望想要改变或者对家族施加影响都是做梦。通常，因为家族挡在路上，要让企业运作得更好是件非常恼火的工作。"（W. 汉德勒）

"我们要变得能够意识到自己的行为和可以干预什么，需要意识到行为可能是负面的，会对未来几代人产生影响。"（T. 扎内齐亚）

"很重要的一点是帮助潜在客户克服解决重要争议的抗性。把家族成员都召集到一个屋子里来解决问题很有挑战。让父母和其他家族成员坐在一起通常很难。"（P. 卡洛夫斯基）

"平衡过程和行动，也就是接近并帮助客户在参与中前行。顾问有可能太过于关注过程，或者太过于关注技术性建议。传统的顾问和注册会计师都是行动导向；传统的家族企业顾问太关注过程，没有足够强调行为改变。只关注一个问题会导致失败。虽然查阅财务报表很重要，但是我们也需要理解商业的真实价值和谁在驱动这些价值。哪些是有形财产，哪些是无形财产？我们的一个错误就是不能理解这些事情的重要性。还有一点很重要，就是推进过程，让它保持向前。如果你不把律师和注册会计师看成

是客户世界中的一部分，看成是干系人，你可能会错过咨询中很重要的部分。"（M. 科恩）

"要让客户足够理解不同的领域，带给他们价值，而你自己不是这些领域的专家。还有一点很重要，是引入其他人参与，和其他专家建立良好的工作关系，共同努力解决问题。"（P. 科尔）

"挑战包括找到务实的而不是现成的解决方案；教会老脑筋和死脑筋新把戏。意识到问题人物、替罪羊可能是最明智或者接触到痛点最多的人。"（I. 布莱克）

"做一个好的团队成员是最大的挑战。懂得最好的建议也只会被部分采纳，积极的结果可能也要数年才能成型。你不能自己完成这些事，你需要团队、股东和其他顾问接受这些。你需要承认这些问题的复杂性和压力，需要知道一个方法来建设一支关键的非家族领导人的团队。"（B. 布朗）

"正直是最有挑战的事情。你可能被困住，所以必须知道自己的角色、边界和价值观。你需要确保让所有人参与并按计划执行！我是一个家族企业的顾问，客户处在家族和企业的整合系统中。其他的挑战包括平衡所有股东的利益、强调沟通、发展技能、架构、安全；设定个人边界；用发展的眼光看问题；建立合法的架构，比如董事会。"（L. 达修）

"最大的挑战是：①能够思考，有工具、行动和以多学科视角工作，这对一个心理学家来说不是自然而然就能做到的事情，②与其他专家合作：学习其他人的语言，处理职业和文化的边界，③避免陷入客户的系统：需要知道你自己和客户的历史和内在的动力，④清楚自己。"（E. 胡佛）

"对我来说，最大的挑战是不能过快地下结论。人们通常认为律师和顾问的角色是给建议。越快越决断地做出结论会过滤掉相关信息，给出顾问自己的建议。这种方法可能不能为家族企业提供最佳的结果，原因有几个。首先，争议往往很复杂，很少能有速战速决的情况。可能更重要的是，如果律师或者其他顾问在没有让家族参与到决策的过程中就得出单方建议的话，可能也有人听，但是通常人们不会照办。借助一些从治疗和关系方面处理家族企业的专家的方法论，过程可能和内容一样重要。要管住自己不给出建议很难，有时候客户只是还没有准备好听这些建议。"（J. 沃福森）

"在过程的强度中管好自己；不要提供答案，尊重这些问题；相信家族有巨大的能力去找到解决问题的方法。通常，技术方法大多被用来减少顾问的焦虑而不是帮助家庭。我们必须理解没有速战速决的事情。"（K. 怀斯曼）

"了解你自己；你在那里，本身就是很好的干预；在没有做出对信息是否有价值的判断之前，我们要保持客观；我们要能够对信息做出反应或者暂时不管，但不要忽视，要能处理它们，而不是做出过度反应。我们需要知道自己的软肋在哪里，可能在哪些地方无意识地就走到了自己的路上。这是为什么一个影子顾问是很好的主意。"（G. 艾尔斯）

## 你们对刚进入这个领域的顾问有什么建议？

"对自己也采用一个转型过渡的策略。不管你最初的职业是什么，你不能把自己吊死在一棵树上。这是一个多学科的业务，需要扩展你的技能，而不要仅仅依靠现有专业的技能。计划一个自我营销过渡阶段，同时建立客户基础。家族企业学会是朝这个方向前进的正确一步，它会提供继续教育。"（J. G. 特罗斯特）

"除了要有在你自己的领域所受的教育之外，要在这个领域有些好的工作经验。提高倾听和推动的能力，与其他人合作，知道和承认你的局限。经验和成熟度是需要的。要知道什么时候离开一项工作或不做某项工

作。知道你要做什么，不要陷入你必须掌握每一件事情的处境，然后犯下错误，还要知道你不知道什么事情。"（K. 温顿）

"意识到自己，要有强烈的自我感知，才能知道你在影响什么。最好的顾问是那些能影响自己的顾问。"（T. 扎内齐亚）

"确保你或者你的同事对家族系统和企业系统有深刻了解。你必须知道的最重要的事情是你不知道什么，以及如何找到答案。这是一个多学科团队方法，最好的团队是有两个性别、两种组合。"（P. 卡洛夫斯基）

"承受风险，挑战你自己对家族企业的假设。什么是家族企业？思考哪些企业问题、性别问题和其他假设会阻碍你的能力发挥效用。比如，这个假设可能是保护家庭不是最重要的事情。事实上，他们可能是让你无论如何要保护业务。假设也可能是家族关系可以被切断。我们的假设是保护家族，但是我可能比客户想要的效果做过了。"（P. 科尔）

"要知道没有一种解决方案或者一时的工作可以解决所有问题，或者公司没有成功的必要条件去获得成功，不管这个条件是思考还是才智。你可能会被邀请去结束一件事情。要知道他们的方法可能比你的方法好，也可能不如你的方法。有些时候他们不相信事情会变好，企业仅仅是每天早上唯一能去的地方而已。还要理解他们可能不想准备这些成功的必要条件。"（I. 布莱克）

"我们的建议可能是，不管一个人之前的教育或经验的范围如何，现在都要谦虚。在过去的事情之外还有很多要学习的地方。所以，好好利用这个机会。加入家族企业学会，参加它的会议。阅读一些出版的优秀书籍和文章。最后，这个建议可能对那些已经从事了很长时间家族企业的顾问来说也有用，就是寻找其他领域高标准的顾问并建立起关系。"（J. 沃福森）

"假定你什么都不知道，要有灵活性，还要是个很好的倾听者。每个家族都有其独特的问题,不要普遍化,不要假设所有家族都有病。事实上,我们看到的大多数家族企业都能运转,只是有些弱点需要管理和解决。"(C. 瑟里格曼)

"需要耐心。我曾经想,一旦我说我是一名家族企业顾问,他们就会蜂拥而至,我这里便门庭若市。不是这样的!这需要教育,需要长时间的学习。要想从客户的角度做好准备,需要整合不同领域的能力,而且你需要知道足够多的相关领域——会计、保险、财务计划、家族关系,要能够在这些领域都成为专家。"(K. 维克菲尔德)

## 什么吸引你们到这个领域?

"我们是碰巧进的这个领域!我有家族企业的背景,在那段时间我经历了很多问题。可能部分处理了一些问题,我形成了一套职业发展道路,知道不能仅仅依靠我的经验。"(J. 特罗斯特)

"我过去在做博士论文的时候,研究的是关于《小型家族所有企业:一种独特的组织文化》,还有就是我来自于家族企业(我父亲有一家企业)。这两方面都形成了我的兴趣。"(K. 温顿)

"这在一定程度上是一种自我治疗!我来自于一个家族企业。我是从一无所知开始起家的。那时我通过自己的一个问题开始研究:事情怎么会变成我现在的这种情况呢?!这是非常个人的问题。我想理解我的历史:过去我哪些做得不错,哪些可以做得更好。"(W. 汉德勒)

"我已经深陷其中了。我在沃顿商学院的公司财务研究生课程后,在那里的家族企业咨询经历吸引了我。虽然之前我在波士顿工作,但我意识到自己最喜欢的是小型企业:更个人、更有回报的工作。那时我开始在门林格尔的课上学了一周。通过那次课,我在1986年认识了约翰·梅瑟威,约翰和我在一起从事了13年的咨询工作。"(T. 扎内齐亚)

"我们曾经有一段特别成功的人生：一家家族企业，不错的经历，有自己爱的人，热爱学习。我一生都在做学生。到中年的时候，我回到研究生院，主要从事家庭和关系方面的研究。"（P. 卡洛夫斯基）

"我在家族企业长大，我与家族企业之间的工作是从继任问题开始的：决定出售企业还是交给孩子，还有就是处理家族动力。在1989年，我参加了第一次家族企业学会会议。我从来不知道还有这么一个机构，这么一帮人对这个问题感兴趣。"（M. 科恩）

"我一开始在世界五百强公司工作，感到非常无聊。我知道我想和家族企业工作，这是我和兴趣的婚姻，也代表了系统的丰富性。之后我加入了家族企业学会，参与了那个团队。我还花时间和列昂·丹科在一起。"（P. 博杜安）

"我在家族企业长大。企业在我十二岁的时候出售了。在那段时间，我见了许多家族企业顾问。为了延续这种传统，我和兄弟姐妹一起投资了一家广播站。"（P. 科尔）

"我是作为一个有临床家庭治疗实践和组织发展实践的人掉进这个领域的。当我注意到我的几个客户都是家族企业，而且有一些独特的挑战，于是我开始研究有关家族企业的文献。我几乎没找到什么资料。所以，我开始把我掌握的有关家庭系统和组织发展的信息整合起来，而且专攻家族企业工作。那是在20世纪80年代了。很快，我就不做临床业务了，也很少做非家族企业的业务。吸引我到这个专业领域的是挑战。家族企业咨询是我做过的最难的工作，需要最好的创造力和合作。"（L. 达修）

"有几样东西吸引我：①我个人的愿景是想让人们的生活有所不同；②在家族企业里，每一件事情都很重要——声誉、家族关系、传统、财务安全；③你的参与让家族和企业能够发展到更和谐的水平，有更高的净资产，对传统和职责的意识更强。"（E. 胡佛）

"像许多其他家族企业顾问一样，我也有家族企业的背景。我的外祖父母有一家工厂，生产女士帽子。当他们让儿子（我叔叔）加入那家企业，冲突加剧了几倍。我奶奶有两个兄弟在一起做生意（有段时间和我爷爷一起）。两兄弟在钱的问题上争吵，而且三十年都不和对方说话，直到我父亲在我奶奶的葬礼上把他俩逼到一起，羞辱了他们之后他们才开始对话。当我从法学院毕业后开始执业，我发现一些案子里的家族也是对抗解决方案。因为对我来说，相关方都用那种方式做事，从任何商业角度看上去都不理智。我用了一些时间才意识到个人问题而不是企业问题才是真正让他们变成这样的原因，这非常像我叔叔的情况。我在1990年第一次参加家族企业学会的会议。在那之后很短的时间，在我的敦促下，我所在的古尔斯顿和斯托尔斯事务所成了东北大学家族企业研究中心的赞助人。我就是这么'上钩'的。"（J. 沃福森）

"我是跌跌撞撞地进入这个领域的。我一开始在壳牌做销售代表，我最好的工作就是和一个经销商还有他妻子围着厨房的桌子坐在一起。我本科的学位是经济学。之后，我和我岳父一起工作，他是家庭治疗师。我在1976年获得硕士学位和家庭治疗师的执照，在1982年取得南加州大学的博士学位，然后在1985还是1986年参加了家族企业学会的试探性对话。"（E. 科克斯）

"法学院毕业以后，我在岳父被诊断出来患有多发性硬化病（MS）后加入了我妻子的家族企业。岳父后来病情有所好转，我的小舅子也加入了企业。我就又回去做法律了。我开始吸引遗产中有企业的家族客户。事实证明做遗产计划的时候是做严肃的战略规划的最糟糕的时间。我知道有更好的方法，所以和汤姆·休伯、史蒂夫·施瓦茨成立了一家家族企业顾问公司。"（G. 艾尔斯）

"当我第一次在家族企业学会会议上见到其他人的时候，有一种触电

般联系感：这些人都在做我正在做的事情。能发现做同样事情的人是一种释放。"（K. 卡叶）

### 你学到的最重要的一课是什么？

"没有一蹴而就的解决方法，其他专业的模式会造成对结果不现实的期望。家族企业顾问需要在过程上为客户准备，同时管理他们的期望。压制下去的问题会很快冒泡。我已经发现多阶段的建议是恰当的做法。"（J. 特罗斯特）

"要知道哪些事情不要参与。知道什么叫好的咨询模式会有帮助。比如，我的模式就是不会"一直咨询"，但是把客户带到他们不需要我的那一点。可能我内在是个教育者，但是我把他们带到不需要我的时候，我感到最舒服。在合作结束后，我还会关注他们。"（K. 温顿）

"作为一名眼明心亮的新顾问，你以为这件事情很容易，但是再想想！评估很容易，执行非常困难。难度大、耗时间。不要把这件事想得这么简单。诊断阶段可能相对较容易，你可能会想：'我好像有些进展。'但是你要现实点。评估和执行这两个阶段是非常不同的。"（W. 汉德勒）

"倾听是最重要的。在我职业生涯早期，我有找到正确答案的强迫症。客户可以想到答案。答案在一段时间会出来。还有，清楚我什么时候陷入系统里了，这很重要。我意识到，如果我被困在系统里，就不能有效工作。"（T. 扎内齐亚）

"每个人对故事的解读都有一定可信性。感受是事实，但也有虚构的成分。这是一个人对现实的观点。人们是从宇宙的中心看自己，从组织架构的顶端看自己。这也不是他们的问题。只有当其他人改变时，问题才能解决。你不能假设找你去咨询的人就是"'脑清楚的那个'。我们的目标是让他们共同发挥作用。为了达到这个目标，顾问需要想出一个方法来把

每个人去妖魔化，让他们能转变态度到一定程度，让人际关系和企业能够运转。"（I. 布莱克）

"我的客户真的有能力解决问题。我的工作是让他们获得足够的信息，然后承担起自己的责任找到解决办法。我不一定要为客户搞定问题。我和客户一起工作很长时间，这需要耐心和谦逊，因为我不能挡着自己的路也不能挡着客户的路。"（B. 布朗）

"正直经常受到挑战。很重要的一点是不能陷入一种视角，或者和一个股东、一群股东形成同盟。你需要很清楚自己的角色、边界和价值观，要注意到他们需要什么和他们想要什么。被我辞退的客户脑子里倒是有解决方案，但是想让我去执行。还有，他们不想要独立的评估。"（L. 达修）

"谦逊是最重要的。我的主要角色是引导师。我没有最终答案。我曾经和有些客户工作，他们之前的顾问有"答案"但结果往往是灾难性的。我的工作是为客户提供选择方案，这样可以选择对他们合适的方案——他们有最好的答案。这是双赢的情形。"（E. 胡佛）

"虽然家族企业顾问会发现这很困难，如果不是不可能的话，试着去忽视客户面临的交织在一起的企业和个人问题。我相信顾问应该意识到自己的专业局限。否则，你可能打开一个潜在的、易爆炸的问题，而且你缺乏专业训练去拆弹。无知地去追问关系的问题可能会打开潘多拉盒子！那个时候就不要惊讶，可能我学到的最重要的教训就是要非常重视其他类型顾问的价值，特别是但不限于那些有治疗背景的顾问，要把他们引入合作中。家族企业咨询的多学科方法一直以来被家族企业学会看重，有很重要的意义。"（J. 沃福森）

需要的最重要的技能和素质是什么？

"家族企业顾问需要掌握四大类知识（法律、财务、管理和组织发展、行为科学）。顾问要掌握家族企业学会委员会的知识体系，还有这些技能①商业战略：是否有足够多的钱？继任是否符合你评价独立业务的方法？这是一种好的商业模式吗？②职业咨询：这对在企业中的个人来说是好的职业吗？"（J. 特罗斯特）

"你需要成为一个好的倾听者和强调者。你还需要从多个角度看待事情，能够理解商业技能、所有者和家族系统。解决问题和谈判的技能也非常重要。答案通常不是非黑即白的，但是通常在这两者之间，那些灰色区域要靠创造性来解决。其他需要的技能是团队建设、对领导力和领导力模型的理解，交际手腕一直都很重要。比如，你可能需要知道如何应对那些想在 30 岁前成为 CEO 的人。"（W. 汉德勒）

"显然，你自己的职业要具备基本的能力。我是家系图的推崇者。家系图作为一种能全览三代的视角给了我深刻认识家族传统和行为的洞见。不要假设任何事情，和每个人单独谈话（或者至少和那些会受到你和他们所做事情影响的人谈话），帮助他们实现或者离开传统，建立正向行为，并用结构化的方法去强化行为。我们非常擅长把复杂问题简单化——把复杂的观点转化成简单的语言非常有用。"（T. 扎内齐亚）

"耐心、仔细倾听、有信心变得有足够能力去推动客户做出决定是最重要的技能和素质。家族企业顾问需要知道前沿的税务和法律策略来执行解决方案。他们还需要能够找到或者推荐，或者有其他可用的专业人士，就像我的事务所一样。我的这些专业人士有审核法律文件的，做评估模型的，知道商业的价值能充分理解硬信息（数据、数字）的，然后一起处理家族动力问题。作为家族企业顾问，我是一个概念建筑师，设立目标和

愿景，清楚地说明过程，和其他家族顾问合作，一起实现下一个阶段的目标。"（M. 科恩）

"顾问拥有优秀的分析能力很重要，还要主动倾听，用创造性的方法解决问题，愿意采取非线性的方法，有团队合作能力，能够减少争吵，顶住压力。我使用的一个不可思议的治疗师很有帮助。加入一个高水平的职业协会，比如家族企业协会（FFI）、家族企业心理动力学学会（Psychodamics of Family Business，PDFB）和亚利桑那家庭教育之家（Arizona Families for Home Education，AFHE）都有帮助。"（B. 布朗）

"有能力倾听、复述、重组信息是最重要的技能和素质。顾问要能够把整个系统、所有类型的股东联系起来考虑问题，还能同时应对几件有冲突的事情，能够有效利用一个人的自我，很好地管理边界；能够同时和一群人合作，促使他们对话，集体解决问题和计划；发展能力、对话过程，与其他专业的同事合作，作为团队有效工作。"（L. 达修）

"最重要的技能和素质是能够成为问题解决者，有街头智慧；信任、乐观、尊重；能运用常识，兼顾多个优先事项。你在行为动力学、财务、法律和管理科学这四个关键领域要有一定水平的知识。家族企业学会认证课程是一个好的开始。保持阅读。我通过培训和经验不断学习。我对管理科学和行为科学非常在行（作为一个保健高级副总裁）；我从家族企业学会、阅读和经验中获得了对财务和法律足够的理解。"（E. 胡佛）

"如果你是一个真正的家族企业顾问，而不是其他和家族企业工作的顾问，你是在过程环境中开展工作的。家族企业咨询是组织发展咨询的子项目。为此，你需要理解进入这个系统中的影响、信任的重要性，好的合同，可交付的成果和多专业保密的规则；你必须有需求评估和优秀的访谈技术，要在反馈、领导力培训和思维、战略规划和变革管理后进行干预。你还需要知道如何结束咨询。"（G. 艾尔斯）

"你要成为一个优秀的治疗师。在你自己的办公室里能控制绝大多数事情；但是在这份工作中，你要在办公室外工作，和不同的系统工作。你必须和所有的政治、民族、宗教群体发生关系；你必须要成为一个好的倾听者，能够整合灵活性和确定性。"（K. 卡叶）

## 在你对家族企业咨询过程中，你认为哪些干预是最有效的？

（注：我们已经提到，每个家庭和家族企业都不同。干预必须根据个案量身定做。我们一直尝试展示可供使用或正在使用的各种成功干预技术。）

"早期预防和教育是最好的；在这些问题出来之前就先谈。这和战略规划与咨询是一样的。"（J. 特罗斯特）

"在家族企业静修会上，把年长和年幼的一代分到不同房间，每一组人在一块白板上写下你的孩子、父母或者其他人对企业和家庭做出的贡献。把他们叫回来聚在一起分享。"（K. 温顿）

"这要根据具体的问题来说。两个以上顾问比较重要，一个是家庭问题方面的专家，一个是企业专家——各自可以提供不同方面的信息和观点，组成二人联盟。最理想的情况是一个男顾问和一个女顾问。职业咨询方面的专业性很有价值，会提供有关职业选择的个人建议。想知道每一件事是不可能的。所以，重要的是知道什么时候继续前进或者提出问题，以及知道某些企业和家庭不管你怎么说都没用。"（W. 汉德勒）

"为年老一代做财务安全分析能够让他们感觉到放弃控制权后还可以过舒服日子。如果他们真的知道和感受到他们在有生之年能够得到好的照顾，就更可能让渡所有权——包括控制权——给下一代。为年轻一代做财务安全分析也可以帮助他们理解需要什么来保证自己长期的财务安全和独立性。这能让他们评估一下什么才是对公司能够为财务安全贡献什么和什

么时候贡献的合理期望。"(T. 扎内齐亚)

"最有效的干预是所有关键人物都同意聘用我们；对咨询来说，同意就是同意，不同意就是不同意。单独访问顾客得到一个总体的感受。首先会见所有关键人物，然后到一起讨论我们看到了什么，潜在的动力是什么，我们正在朝哪里走。其他要解决的问题包括缺少责任感、职位说明、绩效评估、清楚的汇报结构，还有无数家庭问题。通常两个人或者一对一地工作。"(P. 克洛夫斯基)

"最有效的干预是让下一代参与到制订遗产计划中来，律师通常不情愿这样做。我们通过让下一代参与讨论财富及其重要性的方法来解决遗产计划中的代表权问题。还有，把慈善/博爱整合到过程中。家族企业往往还没有建立起他们的慈善事业，通常这对过程很有价值。家族企业可以建立一个家族基金，或者一个慈善基金，能够提供新的事业和讨论重要问题的过程，为那些不在企业中工作的家庭成员提供参与的机会。和其他顾问合作也很重要。"(M. 科恩)

"让家族纵览几代人的财务和家族景象是最有效的干预。我给他们反馈整合在一起的两代、三代、四代人的财务状况的现实。你不能只看一代人，必须把所有人都拉来讨论。你还需要让领导人密切参与这个过程。对顾问来说很重要的是尊重所有者，或者能够对客户的参与说不。在我的经验中，典型的企业所有人都对自己掌握的家族和企业情况非常没有安全感。"(P. 博杜安)

"我使用和推荐《谈判力》(Getting to Yes)（菲舍和乌来）这本书中用来谈判和解决争端的概念框架。如果你不断逼着另一个人说清楚原因——他们的需求、担忧、恐惧、希望或者利益（书里是这样定义的）——这样争执各方更可能达成共识。作为调解人，我的目的主要是解决这些更深层的担忧，然后帮助各方创造新的方式来回应。"(J. 沃福德)

"对这份工作来说,让客户的情况回到正常很关键。在第一个阶段结束之前,我说你们有这些问题很正常,因为家族和企业合在一起做的难度相当大。这样说能降低老一代人的焦虑,让他们恢复平静;他们真正理解和相信这句话,这能让工作开展更容易。"(P. 科尔)

"要让他们看到无休止的争吵在过去不能解决问题,现在也不会解决。要有能力和需求评估,结合战略规划给他们一个机会去做战略思考。很重要的一点是给家族成员选择权,包括通常碰到的个人和职业发展的问题,以及退出公司的问题。帮助家庭学会头脑风暴,能够在一起更开放地思考。我会讲国王和天鹅还有金蛋的故事来说明所有的家族和企业成员都是国王(客户)的仆人。家族能够认同为公司服务的需求,然后顾客就能停止把企业当成战场。"(I. 布莱克)

"要从最初的评估开始,找到问题在哪里。确定两三个和问题最相关的人,让他们讨论建立责任感、积极强化行为和正向反馈的行动计划。"(B. 布朗)

"最有效的干预是用一个简单的工作坊让整个系统参与进来;进行系统评估;建立共享的价值观;进行集团规划;建立能够持续对话的合法性结构,决策、教育和解决问题的方法,包括家族委员会和董事会;开发沟通和问题解决技能。"(L. 达修)

"我在我们所著的《与家族企业相处》一书中用了一个关系路径图。这是用来调和冲突和紧张关系很有用的工具。我还用到合伙协议,在这本书里也讲到了。"(E. 胡佛)

"我用的干预方法就是尽量少做。我通常会把这些留给其他专业领域的人做。我偶然发现有一个方法很有用,但是,要当各方处在困境中时才能用。我会要求一方好好听另一方的"深仇大苦"或者"敏感问题",不要打断,然后用他们自己的语言回应,不要去评论。然后,我让另一方做同样的练习。这个过程对两件事好像有用。第一点，让每一方都真正去听对方说了什么。第二点，也是很重要的一点，尽管没有立竿见影的解决办法，但可能是有史以来头一回每一方都感觉到他们被倾听了。"（J. 沃福森）

"首先假设家族企业可能会持续取得成功；你带着希望的态度来咨询可能会强化积极的效果。"（C. 瑟里格曼）

"让所有涉及业务的家族成员同时聚在一个屋里是第一步。让他们变得正常点，感到他们还是有希望的。让他们表达自己的观点；取得你和他们在这里做这些事情的支持。尽力理解参与的每一个人。"（E. 柯克斯）

"最有效的干预是真正的倾听，确认你听到了什么；在你的领域要胜任，还要在其他相关领域胜任。不能知道工具和技术，但是又停滞不前。认识你这个领域最顶尖的那些资源，知道如何获得这些资源。不要以为你知道足够多了。同时，合作很重要。你要有能力提高领导团队或者跟随团队。理解这不是谁领导顾问团队的问题，而是在不同时间点上，哪些人在前面冲锋，哪些人在后面掩护的问题。让家族看自己，然后说出来。"（K. 维克菲尔德）

"聚在一起不一定总是个办法，让所有人在一起讨论通常没有答案。始终要试着和那些最有动力的人合作，他们最有耐力。不要花时间说服有些人去做有些事情。还有，真正的客户其实是我自己；我如何处理好我自己，对这个过程来说很关键。我常常问自己，我是不是过度负责或者不够尽责。很重要的一点是认识到这个工作性质的长期性。"（K. 怀斯曼）

"反馈很有力量；你需要①说出你知道的真相；②不要做判断。我用一个彩色玻璃来比喻：用玻璃碎片来编一个故事。你需要尊重每个人的观点，这样所有的信息才能和反馈联系起来；干预是反馈讨论的结果。愿景也很重要，像伊凡·兰斯伯格的《向往梦想》（Dream the Dream），书中每一代人都有自己关于治理和领导力的愿景。"（G. 艾尔斯）

"让他们'探访未来';查阅我的书《职场战争》(Workplace War),或者访问我的网站:www.kaye.com。"(K. 卡叶)

## 我们感谢以下的受访者

格兰·艾尔斯是一名家族企业顾问,他和家族企业合作,通过发起重大变革来帮助家族和企业保持经济上的活力和价值观的驱动。

彼特·博杜安,与他的助理一起,已经开发出一个软件信息系统来记录、规划和监控代与代之间、有形和无形的家族企业的财产。

伯尼·布朗是"转型动力"的总裁,也是福克斯(FOX)基金的执行董事。她为家庭和组织的转型提供咨询。

伊拉·布莱克是马萨诸塞大学创业家族的学习社区家族企业中心主任。他的第三部戏剧《难砸开的坚果》是有关家族企业一生的,在2002年秋首次上演。

迈克·科恩是《保留或卖掉你的企业》一书的作者,也是一名家族企业顾问。他曾经是家族企业学会的主席和董事会成员。

帕特·科尔是一名家族企业成员,也是佛罗里达州罗德岱堡诺瓦东南大学的家族治理与家族企业副教授。

埃德·柯克斯和他的合伙人都德·豪斯内·维斯塔尔住在加州的格兰戴尔,他们只对家族企业提供服务,帮助企业在发展、家族和谐和个人生活上实现平衡。

雷斯利·达修是"企业人性面"的总裁和阿斯本家族企业集团的合伙人。她有组织发展和家族治疗的背景,十五年一直专注于为家族所有企业提供咨询。达修女士是《与家族企业共事:一本职业者指南》(Working With Family Businesses: A Guide for Professionals)一书的共同作者。

温蒂·汉德勒是巴布森学院的管理学副教授,她教授家族企业管理,她在 1986 年开发了这个课程,这是美国该领域的第一门课程。

埃德·胡佛是管理心理学家,专攻管理和拥有巨大财富的家族企业所面临的独特的挑战。

保罗·卡洛夫斯基是位于马萨诸塞州德汉市的东北大学家族企业中心执行主任。该中心为全球范围的家庭、企业和教育机构提供支持。卡洛夫斯基先生也有自己的咨询公司:变革咨询集团。

肯·卡叶很长一段时间都是家庭心理学家中重要的思想者和创新者,她专注于解决封闭企业中的发展和人际关系。

卡莉·瑟里格曼是东北共同财务网络波士顿组的企业与遗产计划主任。在这个职位上,她为封闭公司所有人提供继任计划、退休计划、高管福利和遗产计划方面的咨询。

小约翰·G. 特罗斯特是剑桥创新企业中心的共同创始人,曾经在第三代家族企业中很活跃。他目前任职于家族办公室的董事会。他还热心参与公众服务,被任命为新泽西和马萨诸塞州的职位。

卡伦·温顿是蒙大拿州立大学荣誉教授,继续从事家族企业方面的研究,拥有一家咨询公司,专门从事管理和人力资源管理问题。

凯·维克菲尔德是波特兰地区的律师,为家族企业所有者提供继任和遗产计划方面的咨询。

凯西·怀斯曼是位于华盛顿特区的博文家庭研究中心的成员,也是工作系统主席。她的执业领域是家族企业和工作组织中的情感过程。

杰克·沃福德是波士顿古尔斯顿和斯托尔律师事务所的家庭企业律师,也是东北大学家族企业中心的荣誉主席,著有《家族企业公司律师的实务要点》(Practice Points for the Family Business Corporate Lawyer)。

汤姆·扎内齐亚是财富管理咨询公司的创始人和总裁,为高净值个人客户和他们的家庭提供整合的、客观的财务、投资和税务咨询。

# 后 记

当我们思考为书中提到的家族企业提供的咨询，对我们来说，也希望对读者来说，与家族企业客户共事和与非家族企业客户共事的方法的不同之处变得清晰起来。因为我们要处理内容，以便针对问题提出解决方案；同时还要处理过程，以便帮助家族企业渡过变革和应对经常会遇到的对抗。我们发现成功地管理从第一次接触到退出的每个阶段，会让顾问最有机会成功。

向家族企业客户提供他们能接受并且能以此开展工作的反馈也是对家族企业顾问的重大挑战。在安全的环境中提供反馈要求顾问能够和客户之间建立起强烈的信任联系。缺少这种信任，客户就不愿意尝试变化或者执行让他们感觉不安的解决方法。不管是通过家庭静修会还是其他方式，有技巧的顾问都能够帮助家庭清楚地看到问题所在，并且能够帮助客户对未来做出自由的、有根据的选择。此外，一旦客户做出如何继续开展工作的决定，顾问必须有技巧去干预，帮助他们解决问题，不管问题是继任计划、所有权转移还是提升沟通技巧。顾问成为客户的榜样、教练和老师，帮助他们打破功能失调的家庭模式，解决有关业务问题。即使通常需要各种技能组合，我们也一直强调使用多学科咨询团队的重要性。很少有顾问能具备客户所需要的所有技能。

不仅理解客户，还要理解我们自己，这对家族企业顾问来说十分重要。我们必须能够讲清楚自己的偏见、短处和恐惧，才能够应对它们并且帮助客户深入看待他们的问题。我们鼓励所有想成为家族企业顾问的人完成一份个人家系图，来展示在原生家族中的经历如何影响到他们的生活。另外，每个顾问都应该有一个提升自己技巧和能力的计划。你只有自己站在高处才可能帮助顾客提升。

我们还建议，虽然咨询过程中存在共同的模式和问题，但每个家族企业都不同，各有其独特的历史和动态关系。因此，我们一直鼓励家族企业顾问要意识到他们遇到的各种特殊情况，才能针对客户的需求提供咨询。在我们看来，千篇一律的方法注定要失败。我们在最后一章分享的家族企业顾问的经验就证实了，顾问如果不能适应不同客户的需求就会遇到各种陷阱。

最后，我们在实务中发现，即便我们做出最大努力，也不总是能够成功。夫妻可能离异，小孩可能会与家长疏远，企业也可能以失败告终。但是，成功地与家族企业合作似乎会对顾问有加倍的内在回报。顾问不仅会看到企业状况的好转，而且还会看到家庭关系得到强化并实现它们的目标。我们的咨询工作给我们带来了职业生涯中最满意的经历。在大多数案子中，我们的客户不仅仅是客户，而且与我们成了朋友。没有什么比看到你在意的人的生活、企业和家庭健康变得更好这么大的回报了。

在本书中，我们概括了我们认为家族企业顾问需要具备的知识和技能。我们希望这本书能够激励新一代顾问去帮助家族企业，也希望能够提升经验丰富的顾问的实践。站在对我们有利的点来看，给家族企业提供咨询肯定不是件容易的事，但绝对值得去做。

# 关于本系列丛书

历史上有许多分水岭，在它后面所有的事情都在改变。突袭珍珠港就是其中之一，轰炸中途岛是另一个事件。离我们最近的事情就是恐怖分子袭击了纽约市的世贸中心。所有这些都导致许多生命和组织的变化。

《践行组织发展：团队和组织变革动力系列丛书》的发布，就是帮助那些必须要处理或者发起变革的人。该丛书被设计来分享哪些方法有效或者无效，激发有关变革的批判性思考，提供创新方法来应对变革，而不是上面提到的破坏性方式。

变革管理和组织发展的现状：

在本系列丛书第一批书的墨迹快干的时候，我们听说书里关注的问题受众范围太窄。我们也听说对理论和实践的需要扩展到组织发展以外的变革管理。不止一个有声誉的机构敦促我们重新考虑我们的关注点，把内容扩大到组织发展以外，把变革管理也囊括进来。

组织发展不是能够实施变革或者处理在组织背景下那些问题的唯一途径。我们一直以来也深知这一点。但我们还是有理由坚信这样一个观点，即，变革管理不管用什么方式执行，都要建立在尊重个人的基础上，通过受价值观影响的人的参与和介入来实现，还建立在通过许多层面实现组织环境提升的利益上——包括生产率提升，也包括提升工作生活平衡和以价值观为基础的管理和变革的方法。

该丛书产生的简史:

几年前,罗思韦尔、苏利文和麦克林所著的《实践组织发展:执业者的指导》一书获得成功,出版商感觉到人们对组织发展的兴趣在美国和其他国家重生,就想出版一个新的组织发展系列丛书。该新系列的目的不是要取代或者直接和已有声誉的爱迪生—韦斯利组织发展系列丛书(埃德加·沙因主编)竞争。而是——正如编辑们这样看它——该系列可以提供一个途径,让那些在组织发展领域有所作为但还不为人知的作者可以分享自己的观点。出版商得到了比尔·罗斯维尔、罗兰德·苏利文和凯瑟琳·奎德的支持,得以把这个梦想变成现实。

该系列还在形成发展过程中,从开始以来一直稳定地演进。该系列最初很有雄心壮志——不仅仅是要重塑组织发展,而且要重建与之相关的研究和实践的兴趣。支助书籍是实现这个目的的方法之一,另一个途径是本系列的网站(www.pfeiffer.com/go/od)。该网站远不止是一个推销该系列书籍的地方,也是组织发展从业者实时学习的社区。

该系列的丛书有什么不同?

本系列的丛书旨在提供有挑战性的、最先进和最前沿的组织发展和变革管理方法,目的是为在组织发展和变革管理方面还没有把观点写出来经过验证的权威人士,或者在这方面很有前途的、有创新的,有时非正统但又有刺激和令人兴奋的方法的作者们提供一个途径。有些书阐述了激发人心的概念,可以带来可行的变化,还有很新但还未充分建立的观点。

这套丛书的独特之处是强调领先性、快速应用和概念的易于移植。目的不仅仅是要重塑、重建和重振组织发展和变革管理。每一本书,我们都建议作者提供:

（1）某种研究基础，意思是从实践或系统调查得来的新信息；

（2）实务工具、工作表、案例研究和其他拿来就能用的方法，帮助作者把理论引向实践，来达到更具体的、新的、领先的方法。

涉及或没有涉及的主题：

该系列丛书的研究方法各不相同，但是在关注点上是一致的，都强调组织发展和变革管理。因此，该系列丛书是关于参与式变革力量的丛书。它不包括其他流行主题，比如领导力、管理发展、咨询或者团队动力——除非这些主题被用一种新的、最先进的方法来看待，而且适合组织发展和变革管理的从业者。

# 本书简介

在《家族企业咨询：合同、评估和执行实务指南》一书中，吉布·戴尔和简·希尔伯特-戴维斯利用他们丰富的经验，提供了一张整体路线图给任何从事家族企业咨询的人，包括变革顾问、治疗师、律师、会计师和遗产规划师。除此之外，这本书对所有领导成功企业的家族成员来说也是一本必读书。这本书是这个领域第一本为增强组织效率提供务实、整合的变革过程的书。

该书分为三个部分。第一部分帮助读者理解家族企业与其他组织的不同。第二部分提供了家族企业咨询的操作建议。第三部分总结了从事家族企业咨询工作的人所需的特殊的知识、技能和能力。

这本书堪称经典之作，是一本最有洞见、最有帮助的书，其中有许多实用的故事、例子、注意事项和智慧。

威廉·J. 罗思韦尔
宾夕法尼亚州帕克校区
罗兰德·苏利文
明尼苏达州迪普黑文市
克里斯汀·奎德
明尼苏达州明尼通卡市

# 编委会声明

我们很高兴能够参与并影响《践行组织发展：团队和组织变革动力丛书》的启动。该系列的目的是激励这个职业和影响组织变革的定义与实践。本声明的目的是通过解决三个重要问题来为本系列丛书建立一个背景：①在 21 世纪组织变革和发展面临的关键问题是什么？②组织发展在何处适合这个领域，或者是否适合这个领域？③本系列丛书的目的是什么？

21 世纪组织变革和发展面临的关键问题？

问题之一就是在多大程度上领导者们能够控制力量或者仅仅是做出反应。全球化和外部力量如此强大，会不会阻碍组织保持在变革弯道的前列？还有就是科技，特别是信息技术，在变革过程中的角色是什么？多大程度上可以成为变革的载体，或者是变革的源头？

强制变革和合作变革之间的关系是什么？教育水平不断提高的劳动者们会不会倾向于后者；或者实现根本性变革的需求，要求领导者们设定一个参与者们并不情愿为自己设定的目标？这两种变革形式的关系是什么？

谁会成为变革的推动者？这会不会是一个独立的职业，或者是组织领导者们不断增加的责任？如果是后者，这会怎样改变变革职业的角色？

在 21 世纪，变革的价值观角色会是什么？关键的价值观会是绩效——效果和效率吗？传统组织发展扮演的人性价值观的角色会发生怎样的改变？或者作为组织核心竞争力的知识和人类能力的增加，使其变成了争论未决的问题，即只有当一个组织考虑人性价值的时候才会实现绩效吗？

其他领域和变革领域的关系是什么？任何与战略无关的变革过程是否真正有效？变革推动者可以只着眼于过程，或者他们需要有组织产品/服务的知识，并积极参与到生产过程中，并且理解组织所经营的市场利基吗？

组织发展在哪些地方适合组织变革和发展或者是否适合这个领域？

我们列出组织发展的定义来引发讨论：

组织发展是一个体系宽广、基于价值观来把行为科学应用在适应性发展、提升和强化诸如战略、结构、过程、人和文化这些导致组织有效性的强化上的合作过程。

该定义意味着组织发展要从以下几个焦点来理解：

第一，组织发展是一个体系宽广的过程。它要处理整个系统。过去，人们在处理个人和团队层面上存在偏见。但最近，关注点转移到了组织和多组织系统。我们总体上支持这个趋势，但是也尊重和承认这样一个事实，就是传统的、对更小的系统的关注是合理和必要的。

第二，组织发展要以价值观为基础。传统上，组织发展一直尝试把自己和其他形式的规划变革和行为科学应用区别开来，把唤醒人性的价值观和强调个人发展的重要性作为它实践的关键。今天，这个焦点变得模糊起来，而且对于组织发展实践背后的价值观基础也产生了争论。我们支持一种更正式和直接的对话，关于这些价值观是什么，以及这个领域如何与它们发生关系。

第三，组织发展是合作。作为组织发展从业者，我们的第一个价值承诺就是创造一个包罗万象的、多元化的工作劳动力，重点是把差异整合到世界范围的文化思想中去。

第四，组织发展以行为科学为基础。组织发展应该包括和应用社会学、心理学、人类学、技术和经济的知识来达到让系统更有效的目的。我们支持继续强调组织发展要基于行为科学这一观点，并相信组织发展的从业者应该广泛了解多学科并要适应这一点。

第五，组织发展和适应性发展、提升以及战略再强化、结构、过程、人员、文化和其他组织生命中的特征相关。这不仅包括了作为发展目标的组织要素，还包括了从中产生效率的过程。也就是说，组织发展要处理多个领域，重点是发展这些领域。我们相信，这样一个过程和内容的陈述强有力地指出了组织发展的一个关键特征，就是把知识和技术转移到系统中去，使这个系统在未来能够更好地应对和管理变革。

第六，组织发展是要提高组织效果。这不仅仅是让人们快乐，还关系到实现财务目标、提高生产力、提高股东满意度。

这个定义提出了诸多问题：

（1）组织发展和组织变革与发展是不是同一个概念？

（2）组织发展是不是已经变成了工具、方法和技术的组合？已经失去了它的价值？

（3）它谈论系统，但是在实践中却忘记了系统？

（4）顾问是变革的引导师还是活动家？

（5）在多大程度上应该以顾问的价值观来驱动咨询，还是只坚持能够提升客户效率的价值观？

（6）组织发展从业者如何帮助制定战略、塑造战略发展过程、贡献战略内容，以及如何推动战略执行？

（7）组织发展如何聚焦在外部因素在个人的变化驱动力上，比如外部环境、商业战略、组织变革、文化变革，以及聚焦在内部因素在个人的变化驱动力上，比如文化的个体阶段、行为、类型和思维？

（8）组织发展到底多大程度上应该是所有领导者的领域？多大程度上应该是接受过专业训练、以此为业的组织发展从业者的唯一领域？

本丛书的目的：

该丛书的目的是提供对组织变革和发展作为一个领域的当前思考，以及提供基于合理理论和研究的时间方法。目标读者是组织内部和外部全职的从业者；正在主持企业范围变革的高管、经理人、人力资源管理（HR）从业者、培训发展从业者和其他负责组织和跨组织环境变革的人。同时，这些书会直接提供最先进的思想和最前沿的方法。在有些案例中，观点、方法和技术仍然在进化，因此这本书的目的是要启动对话。

我们知道该系列中的书会为这个领域启发思想的对话提供一个领先的论坛。

关于董事会成员：

戴维·布拉德福德是斯坦福大学商业研究生院的组织行为高级讲师。他也是《卓越管理》（Managing for Excellence）、《非权威的影响力：通过分享领导力实现组织变革》（Influence Without Authority and Power Up: Transforming Organizations Through Shared Leadership）的共同作者（另一名作者是阿兰·R. 寇恩）。

W. 华纳·贝克是哥伦比亚大学教师学院组织和领导力系的心理学与教育学教授。他也是普华永道的高级顾问。他最近出版了与威廉·特拉亨和理查德·库恩斯合作的《氛围变化的企业简介：变革者的肖像》（Business Profiles of Climate Shifts: Profiles of Change Makers）。

艾迪·怀特菲尔德·希霍尔是一名组织顾问和 AU·NTL 组织发展硕士项目的共同创办人（与莫莉·塞加尔）。她也是《你说什么?》（What Did You Say?）和《反馈的艺术》（The Art of Giving and Receiving Feedback）的共同作者，以及《承诺的多元化》（The Promise Diversity）的共同编辑。

罗伯特·坦嫩鲍姆是加州大学洛杉矶分校管理研究生院的人力系统发展荣誉教授和国家组织发展网络终身成就奖的获得者。他出版了众多书籍，包括《人类系统开发》（Human Systems Development，与牛顿·马古利斯和弗雷德·马萨力克合著）。

克里斯托弗·G.沃利是帕伯代因大学 MSOD 项目主任，也是《组织发展与变革》（Organization Development and Change）的共同作者（与汤姆·卡明斯合著），以及《整合战略性变革》（Integrated Strategic Change，与戴维·希金和沃尔特·罗斯合著）的共同作者。

张绍明（音译，Shaoming Zhang）是摩托罗拉电子有限公司中国区的组织发展高级经理。他毕业于北京外国语大学美国研究专业研究生，是多伦多约克大学社会学博士。

# 系列丛书后记

在 1967 年，沃伦·本尼斯、埃德加·沙因和我是麻省理工斯隆管理学院的同事。我们决定要出版一系列有关组织发展领域的印刷版的书。组织发展作为一个领域大概是在十年前，是我和来自早期在通用磨坊进行先驱变革尝试的同事一起命名的。

今天我把组织发展定义为"运用行为科学的知识和技巧去把组织改造为新状态的一个系统的、成体系的变革工作"。

无论如何，在已有的案例、书籍和诸多文章中都有提到组织发展，但是对组织发展是不是一个实践领域、研究领域或者职业没有达成共识。我们一直没有为组织发展创造出一套理论，甚至也没作为实践。

因此，我们决定有必要阐述组织发展的状态。我们打算再找三个作者，然后每人写一本书。经过一些寻找，我们发现一名年轻的编辑刚刚加入一家小的出版社——爱迪生—韦斯利。我们取得联系，然后这个系列随之诞生。我们的读者是人力资源执业者，他们通过各种小组活动，比如团队建设，花时间为经理人的发展提供咨询。目前有三十多本书在这个系列出版，这个系列也有了它自己的生命。我们刚刚庆祝了它三十年的纪念日。

在去年的国家组织发展网络会议上，我说，现在到了组织发展专业变革和转型的时候了。这不是我们这些变革推动者对客户说的吗？这套新的 Jossey-Bass/Pfeiffer 系列就是在做这件事。这可以看作是：

（1）组织发展文献的重新发明；

（2）把我们带向更高水平的努力；

（3）把领先的从业者和理论家的理论和实践带给世界的实实在在的努力。

这个新系列中的书因此证明了是给组织发展推动者保持对最新、最前沿观点和实践了解的有价值的资源。

希望这令人兴奋的变革推动者系列丛书是有创造力和创新性的，希望它为我们这个领域带来焕新的能量爆发和关注。

**理查德·贝克哈德**
1999年劳动节周末写于缅因州靠近伯特利的夏日小屋

# 编辑简介

威廉·J. 罗思韦尔，博士，罗思韦尔公司总裁，拥有一家私人咨询公司，也是宾州州立大学帕克分校人力资源发展教授。在 1993 年开始在宾州州立大学从教以前，他是一家主要的保险公司助理副总裁和管理发展总监，也是一个州政府的培训总监。他从 1979 年至今全职从事人力资源管理和员工发展工作。因此，他整合了现实经验和学术，以及咨询经验。作为顾问，罗思韦尔博士的客户包括超过 35 家的世界 500 强公司。

罗思韦尔博士在伊利诺伊大学香槟分校获得博士学位，专修员工培训。他还获得了桑格蒙大学（现在的伊利诺伊大学斯普林菲尔德分校）的工商管理硕士（MBA），主修人力资源。他有伊利诺伊大学香槟分校的硕士学位和伊利诺伊州立大学本科学位，并作为高级人力资源专家（SPHR）取得终身认证，同时有注册组织发展顾问的认证（RODC），他还受行业选派作为生命管理学会会员。

罗思韦尔博士的最新著作包括：《经理人与变革领导》（The Mananger and Change Leader，ASTD，2001）、《干预选择人、设计人、开发人和执行人的角色》（The Role of Intervention Selector、Designer and Developer, and Implementor，ASTD，2000）、《人力绩效 ASTD 模型》（ASTD Models for Human Performance，ASTD，2000，第 2 版）、《分析师》（The Analyst，ASTD，2000）、《评估师》（The Evaluator，ASTD，2000）、《工作场所的学习与绩效 ASTD 参考指南》（The ASTD Reference Guide to Workplace

Learning and Performance，与 H. 思莱德合著，HRD 出版社，2000，第 3 版)、《培训交付完全指南：基于能力素质的方法》（The Complete Guide to Training Delivery：A Competency-based Approach，与 S. 金和 M. 金合著，AMACOM，2000)、《人力绩效提升：打造执业者能力》（Human Performance Improvement：Building Practitioner Competence，Butterworth-Heinemann 出版社，2000)、《有效继任规划：从内部确保领导力延续和培养人才》（Effective Succession Plan：Ensuring Leadership Continuity and Building Talent from Within，AMACOM，2000）和《胜任力工具箱》（The Competency Toolkit，与 D. 杜波依合著，HRD 出版社，2000)

    罗兰·苏利文，RODC，作为组织发展顾问在 11 个国家为接近 800 个组织提供服务，而且基本上包括了所有主要行业。理查德·贝克哈德认为他是世界上最早的 100 个变革推动者之一。

    苏利文先生的专业是科学和系统性的和整体性的变革，高管团队建设，引导整个系统变革会议——300~1 500 人参加的大型互动会议，有超过 25 000 人参加过他组织的会议。一个由他和克里斯汀·奎德为南非混合银行组织的会议被组织发展学会评为世界杰出变革项目第二名。

    他和威廉·罗思韦尔、格雷·迈克林，正在修订该领域的首本著作《实践组织发展：顾问指导》（Practicing OD：A Consultant's Guide)。第一版已经翻译成中文。

    他曾在帕伯代因大学和罗耀拉大学从事组织发展研究工作。

    苏利文先生目前的研究兴趣包括：系统整理转型，平衡经济与人的现实，发现最领先的、关注变革和见证组织发展职业持续更新的作者并与之合作，以及应用现象学（在给互相依存的组织提供咨询中发展更高水平的意识和自我意识)。

苏利文先生目前的职业教学情况可以登录 www.rolandsullivan.com 察看。

克里斯汀·奎德是一名独立顾问,她曾是一名律师,并在帕伯代因大学获得组织发展硕士学位,还有多年担任内部和外部组织顾问的经验。

奎德女士用她的经验指导来自不同公司内的各个领域的团队,以及从高管到员工不同层级的团队。她一直以来都在推动领导力适配、文化变革、支持系统调整、质量过程提升、组织重设和清晰的战略目的制定,均取得了重要成效。作为一个相信整体系统变革的人,她已经有专业能力引导 8~2 000 人的团队在同一间屋子里进行为期三天的变革过程。

她在 1996 年被评为明尼苏达年度组织发展从业者,奎德夫人在帕伯代因大学和明尼苏达大学曼卡托分校教授硕士项目,以及位于明尼阿波利斯的圣托马斯大学教授硕士和博士课程。她是组织发展国家会议和国际组织发展会议和国际引导师协会的出席人。

# 作者简介

**简·希尔伯特-戴维斯**

简是美国波士顿 Key Resources 咨询公司的主要创始人。该公司专注于人类动力学（Human Dynamics）和商业系统咨询。作为家族企业领域公认的领军者，她在剑桥创新企业中心教授广受欢迎的课程：爱与金钱。该中心由她在大约10年前（1993年左右）创建，是一所曾经获奖的培训与研究机构。她的客户包括不同规模的家族企业和封闭控股公司。

她独著与合著过多篇文章，包括：《运用过程/内容框架：服务内容专家指南》《在家族企业系统内解决问题：五个问题》《给夫妻创业者的建议：保持简单、不避冲突》，以及《篱笆筑得牢，邻居做得牢》。她还被众多机构邀请发表有关组织和会议的演讲，包括：家族企业学会（Family Firm Institute）、波士顿遗产规划委员会（Boston Estate Planning Council）、国家个人金融顾问协会（National Association of Personal Financial Advisors）、新英格兰地区应用心理协会（New England Society of Applied Psychology）、国家社会工作者协会（National Association of Social Workers）以及纽约家族企业基金会（Family Business Foundation of New York）。

在工作中，希尔伯特-戴维斯致力于增强人的精神力量和提升。通过对个人、家庭、组织动力学独特的结合，她帮助客户填补上在个人、职业生活的现状与当为之间的差距。希尔伯特-戴维斯最初接受的是生物学与自然学的教育，她相信在我们的生活、工作和家庭之间存在相互影响的关系。她目前生活在马萨诸塞州的莱克星顿和缅因州的康迪港。

**小威廉·吉布·戴尔**

吉布是杨百翰大学万豪管理学院欧·莱斯利·斯通领导力教授。他在杨百翰大学获得学士与 MBA 学位，并于 1984 年从麻省理工学院斯隆管理学院获得管理学博士学位。他曾在新罕布什尔大学任教，1997 年又在位于西班牙巴萨罗纳的 IESE 商学院担任访问教授。他同时也是美国家族企业学会（Family Firm Institute）出版物《家族企业评论》（Family Business Review）的审稿人之一。吉布的文章广泛涉猎家族企业、企业家精神、组织文化和管理组织变革等课题，发表在《美国管理学杂志》（Academy of Management Review）、《应用行为科学杂志》（Journal of Applied Behavioral Science）、《小企业管理杂志》（Journal of Small Business Management）、《家族企业评论》（Family Business Review）、《斯隆商学院管理评论》（Sloan Management Review）、《人力资源管理》（Human Resources Management）、《组织动力学》（Organizational Dynamics）等刊物上。他是两本获奖书目的作者——《家族企业的文化变革：预判与管理经营与家庭的过渡》（Culture Change in Family Firms：Anticipating and Managing Business and Family Transitions）和《企业家经历：创业高管遭遇的职业两难境地》（The Entrepreneurial Experience：Confronting Career Dilemmas of the Start-Up Executive）。他还与人合著了《用数字管理：缺席的企业主与美国工业的衰落》（Managing by the Numbers：Absentee Owners and the Decline of American Industry）。吉布·戴尔在不同行业的众多公司和组织担任顾问。因为其创新的教学方法，戴尔博士在 1990 年获得福吉谷自由基金颁发的美国私营企业教育卓越奖。戴尔教授是家族企业和企业家精神研究领域公认的权威，其研究曾被《福布斯》《华尔街日报》《纽约时报》和《国家企业杂志》引用。

# 封底评论

"书中为家族企业顾问提供了大量思考缜密、具有实践性的建议。从阐明家族企业复杂性和顾问在其中扮演的角色的概念模型，到促成变革的具体干预的策略，所有这些都囊括其中。对有志于成为高效的、值得信赖的家族企业顾问来说，这是一本必须读的书。"

——伊凡·兰斯伯格

兰斯伯格与盖尔西克咨询公司高级合伙人、西北大学凯洛格商学院教授

"与家族企业共事的人对这本书已经期待已久。书中既有丰富的家族轶事，又建立在目前的知识体系基础之上。该书提供的务实可行的方法会受到不同领域和不同经验层次的顾问欢迎。"

——杰弗瑞·S. 沃尔福森

古尔斯通和斯托尔斯律师事务所律师、东北大学家族企业中心荣誉主席

"我希望本书早几年前就写成。不管是对经验丰富的顾问，还是初出茅庐的家族企业顾问，这都是绝对必要的资料。"

—— 弗朗索瓦·M. 德维舍

德维舍工业集团总裁、贝卡尔特公司董事

"本书缜密、综合地介绍了以家族动力与企业运营为中心的复杂咨询过程。"

—— 玛丽·F. 怀特塞德
密歇根安娜堡家族中心

"终于等到了这本既实用又能引发思考,同时不惧回应争议和困难话题的书。希尔伯特-戴维斯和戴尔为家族企业咨询领域做出了开创性贡献。"

—— 卡伦·L. 温顿
蒙大拿州立大学荣誉商学教授

# 译者简介

肖柳，西南政法大学法学学士，中国人民大学法学硕士。曾在龙湖地产、协信地产、东原地产从事近 10 年人力资源管理工作。目前就读于杨百翰大学万豪管理学院 MBA 项目，作为研究助理从事中美家族企业比较研究，同时在美国创业。